SOMMAIRE

INFOS PRATIQUES

Choisir sa randonnée. Quand randonner ?............ **p 2**

Se rendre sur place. Où boire, manger et dormir dans la région.. **p 3**

Comment utiliser le guide ?...........................…..... **p 4-5**

Des astuces pour une bonne rando............................ **p 6**

Où s'adresser.. **p 8**

DÉCOUVRIR LES PLUS BEAUX VILLAGES DE L'AVEYRON — **p 9**

LES PROMENADES ET RANDONNÉES — **p 14**

N°	et Nom du circuit	durée	page
1	Le roc d'Anglars	2 h	14
2	Le château de Belcastel	2 h 10	16
3	Sur le chemin de Saint-Jacques	3 h	18
4	Sainte-Foy de Conques	2 h 20	20
5	De la chapelle au vignoble	2 h 10	22
6	Estaing : cité illustre	3 h 30	24
7	Les vieilles vignes	2 h 50	28
8	Roquelaure et le « clapas » de Thubiès	3 h	30
9	Le sentier de Pierrefiche	3 h	32
10	De crêtes en vallée	3 h	34

N°	et Nom du circuit	durée	page
11	Au cœur du causse	3 h	36
12	Autour de La Couvertoirade	1 h 40	38
13	Village troglodytique	3 h	40
14	Le circuit des Ravins	3 h	44
15	La chapelle Saint-Cyrice	3 h	46
16	Saint-Martin	2 h 40	48
17	La bastide royale de Sauveterre	2 h 45	50
18	Au pays des Cent Vallées	2 h 30	52
19	Najac : un village perché	3 h	54
20	La forteresse de Najac	3 h 30	58

Classement des randonnées

Très facile		Moyen	
Facile		Difficile	

INDEX DES NOMS DE LIEUX — **p 64**

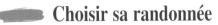
Choisir sa randonnée

Les randonnées sont classées par ordre de difficulté.

Elles sont différenciées par des couleurs dans la fiche pratique de chaque circuit.

très facile   Moins de 2 heures de marche
Idéale à faire en famille, sur des chemins bien tracés.

facile   Moins de 3 heures de marche
Peut être faite en famille. Sur des chemins, avec quelquefois des passages moins faciles.

moyen   Moins de 4 heures de marche
Pour randonneur habitué à la marche. Avec quelquefois des endroits assez sportifs ou des dénivelés.

difficile   Plus de 4 heures de marche
Pour randonneur expérimenté et sportif. L'itinéraire est long ou difficile (dénivelé, passages délicats), ou les deux à la fois.

Durée de la randonnée

La durée de chaque circuit est donnée à titre indicatif. Elle tient compte de la longueur de la randonnée, des dénivelés et des éventuelles difficultés.
Pas de complexe à avoir pour ceux qui marchent à « deux à l'heure » avec le dernier bambin, en photographiant les fleurs.

Quand randonner ?

■ **Automne-hiver :** les forêts sont somptueuses en automne, les champignons sont au rendez-vous (leur cueillette est réglementée), et déjà les grandes vagues d'oiseaux migrateurs animent l'air froid.

■ **Printemps-été :** les mille coloris des fleurs enchantent les jardins, les bords des chemins et les champs.

■ Les journées longues de l'été permettent les grandes randonnées, mais attention aux coups de chaleur. Il faut boire beaucoup d'eau.

■ En période de chasse, certaines randonnées sont déconseillées, voire interdites. Se renseigner en mairie.

Avant de partir, il est recommandé de s'informer
sur le temps prévu pour la journée,
en téléphonant à Météo France : 32 50
Internet : www.meteo.fr

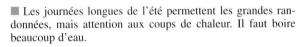

Pour se rendre sur place

En voiture
Tous les points de départ sont facilement accessibles par la route.
Un parking est situé à proximité du départ de chaque randonnée.
Ne laissez pas d'objet apparent dans votre véhicule.

Par les transports en commun

■ Les horaires des trains SNCF sont à consulter dans les gares, par téléphone au 36 35, ou sur Minitel 3615 *SNCF*, internet : http://www.sncf.fr

■ Pour se déplacer en car : se renseigner auprès des Offices de tourisme et Syndicats d'initiative.

 # Où boire, manger et dormir dans la région ?

Un pique nique sur place ?
Chez l'épicier du village, le boulanger ou le boucher, mille et une occasions de découvrir les produits locaux.

Pour découvrir un village ?
Des terrasses sympathiques où souffler et prendre un verre.

Une petite faim ?
Les restaurants proposent souvent des menus du terroir. Les tables d'hôtes et les fermes-auberges racontent dans votre assiette les spécialités du coin.

Une envie de rester plus longtemps ?
De nombreuses possibilités d'hébergement existent dans la région.

Boire, manger et dormir dans la région ?	ALIMENTATION	RESTAURANT	CAFÉ	HEBERGEMENT
Belcastel	X	X	X	X
Brousse-le-château		X	X	X
Conques		X	X	X
La Couvertoirade	X	X	X	X
Estaing	X	X	X	X
Najac	X	X	X	X
Peyre				X
Saint Côme d'Olt	X	X	X	X
Sainte Eulalie d'Olt	X	X	X	X
Sauveterre de Rouergue	X	X	X	X

La randonnée est reportée en rouge sur la carte IGN

Rivière

Village

La forêt (en vert)

IGN n° 3242 OT
1 : 25 000 (1 cm = 250 m)
© FFRP - Reproduction des tracés interdite.
GR, GRP et PR sont des marques déposées.

La fabrication de l'ocre

L e minerai brut d'extraction doit être lavé pour séparer l'ocre marchande des sables inertes. L'eau délaie la matière brute qui décante pendant le trajet pour ne laisser subsister que de l'ocre pur que le courant emporte dans les bassins. Après plusieurs jours de repos dans les bassins, l'eau de surface ne contient plus d'ocre. La couche d'ocre déposée au fond peut atteindre 70 à 80 cm d'épaisseur. Encore à l'état pâteux, la surface de l'ocre est griffée à l'aide d'un carrelet. Elle est ensuite découpée à la bêche et entassée en murs réguliers où les briquettes d'ocre achèvent de sécher. Le matériau part ensuite pour l'usine où s'achèvera son cycle de préparation : broyage, blutage et cuisson.

Colorado provençal. Photo D. G.

52

Pour en savoir plus

Nom et Numéro de la randonnée

Pour se rendre sur place

Temps de marche à pied
3 h
9 Km ← Longueur

Classement de la randonnée :

▢ Très facile	▮ Moyen
▢ Facile	▮ Difficile

572m △ Point le plus haut
345m / 345m Point le plus bas
Dénivelée cumulée à la montée

🅿 Parking

Balisage des sentiers *(voir page 7)*

⚠ Attention

Prévoir des jumelles

Prévoir une lampe de poche

Emporter de l'eau

Itinéraire adapté à la pratique du VTT

Itinéraire adapté à la pratique du cheval

Sites et curiosités à ne pas manquer en chemin

Autres découvertes à faire dans la région

Le Sentier des Ocres — Fiche pratique 17

3 h
9 Km   572m
               345m △

Cet itinéraire présente le double avantage d'une découverte à la fois panoramique et intime des ocres.

Situation : Rustre... sur la D 22 à 13 km au Nord-Est ...

🅿 **Parking** communal de Rustrel

Balisage
❶ à ❸ blanc-rouge
❸ à ❶ jaune

⚠ **Difficulté particulière**
■ passages raides dans la descente sur Istrane

Ne pas oublier

Du parking, emprunter la route vers l'Est.

Dans le prochain virage à gauche, prendre à droite ...cien chemin de Rustrel à Viens qui descend vers ...a. Franchir le torrent. Passer à côté d'un cabanon en ...e. Un peu plus haut, le chemin surplombe un cirque de ...bles ocreux.

Laisser le GR° 6 à gauche. Plus haut le chemin sur...mbe le ravin de Barries et le moulin du même nom. En ...ut du vallon de Barries, prendre à gauche une route.

Au carrefour suivant, tourner à droite.

Après une petite ferme entourée de cèdres et de ...rès, prendre à droite le chemin qui parcourt le rebord ...plateau.

Après une courte descente, prendre à droite. Suivre le ...t du ravin des Gourgues. Ne pas prendre le prochain ...tier sur la gauche. A la bifurcation suivante, prendre à ...uche le sentier à peu près horizontal qui s'oriente vers ...uest. Un peu plus loin, longer une très longue bande de ...e cultivée. Se diriger vers la colline de la Croix de Cristol.

Au pied de celle-ci, prendre à droite le sentier qui descend ...s Istrane. *Il s'ag... de l'ancien chemin de Caseneuve à ...strel. Une éclairci... ouvre des points de vue sur les pentes ...nées de Couvi...e, sur la chapelle de Notre-Dame-des-...ges et sur Saint-...aturnin-lès-Apt. Au fur et à mesure de la ...scente, la végétation change de physionomie pour laisser ...ce à des espèces qui affectionnent les terrains sableux.* ...nchir la Doa et ...monter la route jusqu'à Istrane.

Au croisement, prendre à droite l'ancien chemin de la ...te. Passer à proximité d'une ancienne usine de condition-...ment de l'ocre, puis à côté de Bouvène. Avant de regagner ...oint de départ, on peut remarquer le site des Cheminées ...Fées *(colonnes de sables ocreux protégées par des blocs ...grès).*

À voir

En chemin
■ Gisements de sables ocreux
■ Chapelle Notre-Dame-des-Anges

Dans la région
■ Roussillon : sentier des aiguilles et usine Mathieu, consacrés à l'exploitation de l'ocre.

53

Description précise de la randonnée

Des astuces pour une bonne rando

■ Prenez un petit sac pour y mettre la gourde d'eau, le pique nique et quelques aliments énergétiques pour le goûter.

Le temps peut changer très vite lors d'une courte randonnée. Un coupe-vent léger ou un vêtement chaud et imperméable sont conseillés suivant les régions.

En été, pensez aux lunettes de soleil, à la crème solaire et au chapeau.

■ La chaussure est l'outil premier du randonneur. Elle doit tenir la cheville. Choisissez la légère pour les petites randonnées. Si la rando est plus longue, prévoyez de bonnes chaussettes.

■ Mettez dans votre sac à dos l'un de ces nouveaux petits guides sur la nature qui animera la randonnée. Ils sont légers et peu coûteux et vous permettront de reconnaître facilement les orchidées sauvages et les différentes fougères. Cela évite de marcher n'importe où et d'écraser des espèces rares ou protégées.

■ Pour garder les souvenirs de la randonnée, des fleurs et des papillons, rien de tel qu'un appareil photo.

■ Les barrières et les clôtures servent à protéger les troupeaux ou les cultures. Une barrière ouverte sera refermée.

■ Les chiens sont tenus en laisse. Ils sont interdits dans les parcs nationaux et certaines zones protégées.

À VTT et à cheval

Certains circuits de ce guide peuvent être parcourus à vélo tout terrain ou à cheval. Si c'est le cas, cela est alors indiqué dans la fiche pratique du circuit.

SUIVEZ LE BALISAGE POUR RESTER SUR LE BON CHEMIN.

LE BALISAGE DES SENTIERS

	PR®	GR®	GRP®
Bonne direction			
Tourner à gauche			
Tourner à droite			
Mauvaise direction			

© Fédération Française de la Randonnée Pédestre - Reproduction interdite

Vous pourrez rencontrer d'autres couleurs de balisage sur le terrain. Elles sont indiquées dans la fiche pratique de chaque circuit.

PR LE CHATEAU 2h

Où s'adresser ?

■ Comité départemental du tourisme (CDT)

Le CDT publie des brochures (gratuites), mises à jour sur les activités, les séjours et l'hébergement dans le département ainsi que la liste des OT-SI.
• Comité départemental du tourisme, Maison du Tourisme, 17, rue Aristide-Briand, BP 831, 12008 Rodez, tél. 05 65 75 55 75, fax 05 65 75 55 71, e-mail : aveyron-tourisme-cdt@wanadoo.fr, internet : www.tourisme-aveyron.com

■ Les Plus Beaux Villages de l'Aveyron

• Association « Les Plus beaux villages de France », Mairie de Belcastel, Le Bourg, 12390 Belcastel, tél. 05 65 64 52 25 ou 05 65 64 46 11, internet : www.mairie-belcastel.fr

■ Offices de tourisme et Syndicats d'initiative

• Office de tourisme de Belcastel, Le bourg, 12390 Belcastel, tél./fax 05 65 64 46 11, internet : www.mairie-belcastel.fr
• Office de tourisme de Conques, 12320 Conques, tél. 0820 820 803 ou 05 65 72 85 00, fax 05 65 72 87 03, internet : www.conques.fr
• Syndicat d'initiative d'Estaing, 24, rue François-d'Estaing, 12190 Estaing, tél. 05 65 44 03 22, internet : syndicatinitiative.estaing@wanadoo.fr
• Point info tourisme de Saint-Côme-d'Olt, Place Château-de-Castelnau, 12500 Saint-Côme-d'Olt, tél. 05 65 48 93 98, fax 05 65 48 24 46
• Point accueil tourisme de Sainte-Eulalie-d'Olt, Le Bourg, 12130 Sainte-Eulalie, tél. 05 65 47 82 68, fax 05 65 47 57 41, internet : www.mairie-ste-eulalie-olt.fr
• Point accueil de La Couvertoirade, Le Bourg, 12230 La Couvertoirade, tél. 05 65 58 55 59, fax 05 65 62 28 06, internet : www.lacouvertoirade.com
• Office de tourisme de Millau, Place du Beffroi, 12103 Millau, tél. 05 65 60 02 42, fax 05 65 60 95 08, internet : www.ot-millau.fr
• Mairie de Brousse-le-Château, Le Bourg, 12480 Brousse-le-Château, tél. 05 65 99 41 14, fax 05 65 99 47 80, e-mail : brousse-le-chateau@wanadoo.fr
• Office de tourisme de Sauveterre-de-Rouergue, Place des Arcades, 12800 Sauveterre-de-Rouergue, tél. 05 65 72 02 52, fax 05 65 72 02 85, internet : www.aveyron-segala-tourisme.com et www.sauveterre.free.fr
• Office de tourisme de Najac, Place du Faubourg, 12270 Najac, tél. 05 65 29 72 05, fax 05 65 29 72 29, e-mail : otsi.najac@wanadoo.fr

■ Hébergements

• APATAR-Gîtes de France, « Bienvenue à la ferme », Maison du Tourisme, 17, rue Aristide-Briand, BP 831, 12008 Rodez, tél. 05 65 75 55 60, fax 05 65 75 55 61, internet : www.gites-de-france-aveyron.com
• Locations de vacances et chambres d'hôtes Clévacances, Maison du Tourisme, 17, rue Aristide-Briand, BP 831, 12008 Rodez, tél. 05 65 75 55 88, fax 05 65 75 55 71, internet : www.clevacances-aveyron.com
• Loisirs Accueil Aveyron / Aveyron Réservation Tourisme, Maison du Tourisme, 17, rue Aristide-Briand, BP 831, 12008 Rodez, tél. 05 65 75 55 50, fax 05 65 75 55 89, internet : www.reservation-aveyron.com
• Renseignements dans les Offices de tourisme.

■ La Fédération française de la randonnée pédestre

• Centre d'Information de la Fédération
Pour tous renseignements sur la randonnée pédestre en France et sur les activités de la Fédération française de la randonnée pédestre.
14, rue Riquet, 75019 Paris, tél. 01 44 89 93 93, fax 01 40 35 85 67, e-mail : info@ffrandonnee.fr, internet : www.ffrandonnee.fr.
• Comité départemental de la randonnée pédestre de l'Aveyron, Maison du Tourisme, 17, rue Aristide-Briand, BP 831, 12008 Rodez, tél. 05 65 75 54 61, fax 05 65 75 55 71, internet : www.aveyronsport.com/cdrp12
• Comité régional de la randonnée pédestre de Midi-Pyrénées, Maison des sports, rue Buissonnière, BP 701, 31 683 Labege cedex, tél. 05 62 24 18 77, fax 05 62 24 18 79, internet : www.randonnees-midi-pyrenees.com

Découvrir les plus beaux villages de l'Aveyron

Parmi les nombreux villages aveyronnais souvent restés à l'écart des grands axes de développement, méconnus durant des siècles mais miraculeusement préservés, dix à ce jour sont sortis de l'oubli grâce à l'association « Les Plus beaux villages de France ».

Tantôt blottis dans la courbe d'un méandre, perchés sur un rocher ou même plaqués contre lui, tantôt entourés par des terrasses, ils accolent leurs hautes maisons les unes aux autres autour d'un château, d'un donjon, d'une église qui les dominent.

Qu'ils soient édifiés au cœur d'un plateau inhospitalier, accrochés au flanc d'une vallée sauvage ou encore qu'ils soient une étape majeure sur le chemin de Saint-Jacques-de-Compostelle, ils sont un concentré de richesses historiques, architecturales et artistiques.

Les beaux villages aveyronnais, véritables acteurs de grandes épopées ou témoins de la vie quotidienne ou du savoir-faire d'une époque, sont autant de pages de notre histoire.

Ces dix villages aveyronnais, ces dix lieux d'émotion méritent notre passion et peuvent être découverts à pied à travers de pittoresques et agréables sentiers de randonnées offrant des vues insolites et inoubliables.

Raspes du Tarn. *Photo Comité 12.*

Château de Belcastel. *Photo Comité 12.*

Belcastel : Dans un environnement de verdure, au bord de l'Aveyron, un village accroché aux parois rocheuses de son château (X^e, XIIe et XVe siècles, restauré par Fernand Pouillon), avec son pont et son église du XVe siècle, ses « calades » pavées (ruelles), ses maisons traditionnelles, ses fours, ses métiers à ferrer… Haut lieu de la gastronomie aveyronnaise !

Brousse-le-Château : Au confluent du Tarn et de l'Alrance, le village se blottit à l'abri d'un château fort perché sur un éperon rocheux, bâti au IXe siècle, remanié jusqu'au XVIIe siècle. Il fut la propriété des seigneurs d'Arpajon durant 500 ans. Du Moyen Age, il a conservé l'enceinte fortifiée, le chemin de ronde et cinq tours de défense dont deux à gorge ouverte (très rare).

Conques : Haut lieu culturel, Conques est toujours une étape importante sur le chemin de Saint-Jacques-de-Compostelle et rassemble un patrimoine roman exceptionnel (l'abbatiale et le pont des pèlerins sont inscrits au patrimoine mondial de l'Unesco au titre des chemins de Saint-Jacques). L'abbatiale enrichie de nouveaux vitraux de Pierre Soulages domine le village préservé et ses maisons à pans de bois. Conques abrite aussi un trésor d'orfèvrerie, l'un des plus riches de France.

Estaing : Cité médiévale des plus pittoresques, Estaing présente un grand attrait grâce à son patrimoine et à son histoire à travers les siècles. Le château des comtes d'Estaing (XVe -XVIe-XVIIe siècles) domine les toits de lauzes en écailles, les hôtels Renaissance et les maisons de la vieille ville. Le pont gothique sur le Lot et sa belle croix, le château, l'église Saint-Fleuret et les ponts romans contribuent à la beauté des lieux.

Façade de l'abbatiale à Conques. *Photo Co*

La Couvertoirade : Edifiée au XIIe siècle, cette cité médiévale admirablement conservée dresse ses remparts au cœur du Parc naturel régional des Grands Causses. C'est l'une des plus importantes commanderies du réseau tissé par les Templiers et Hospitaliers dans tout l'Occident et en Terre sainte. Le village bâti au pied du château (XIIIe siècle) et de l'église, invite à la détente et à flâner dans ses ruelles bordées de maisons caussenardes, d'échoppes et de galeries d'art.

A.MARC

Orchis

Najac : Au pied d'une forteresse royale du XIII siècle, la position stratégique du village, vaudra à sa population une histoire mouvementée. Rois de France et d'Angleterre, comtes de Toulouse, protestants et catholiques se sont disputés au cours des siècles cette « clef de tout le pays ». L'église du XIII siècle (première église gothique du Rouergue), les anciennes demeures typiques, les fontaines, les étroites ruelles participent à l'attrait du bourg.

Saint-Côme-d'Olt. *Photo Comité 12.*

Peyre : Sculpté à même la falaise, Peyre est un trait d'union étonnant entre la beauté de ses vieilles pierres et la prouesse technologique du viaduc de Millau. Peyre est remarquable avec ses « calades », ses maisons creusées dans le tuf, son église romane troglodytique fortifiée au XVII siècle et ses éléments de défense (bretèches, assommoirs, bouches à feu…)

Saint-Côme-d'Olt : Sur les pas des pèlerins de Saint-Jacques-de-Compostelle, cette cité médiévale laisse apparaître au-dessus des toits de lauze, la fine silhouette flammée du clocher de son église de style gothique flamboyant du XVI siècle et l'imposante toiture du château des seigneurs de Calmont. Inchangée depuis des siècles, elle a conservé ses portes fortifiées, ses anciennes échoppes médiévales et d'antiques demeures.

Sainte-Eulalie-d'Olt : De structure médiévale, le bourg est organisé autour de la place de l'église (XI siècle), en une succession de ruelles et de petites places. Ses riches demeures ainsi que ses maisons à colombage maçonnées en galets du Lot évoquent la prospérité passée du bourg. Le château du XV siècle rivalise d'élégance avec l'hôtel particulier d'époque Renaissance.

Sauveterre-de-Rouergue : Cette bastide royale du XIII siècle, véritable ville nouvelle du Moyen Age est l'une des mieux conservées du sud ouest. Le commerce et l'artisanat ont assuré sa réussite, et sa place des arcades atteste de la prospérité de la ville au XVI siècle. La cité a conservé ses portes fortifiées, ses tours, ses douves, ses maisons à pans de bois ou à encorbellements. La collégiale gothique est également un témoin privilégié de cette époque.

Lot à Sainte-Eulalie. *Photo Comité 12.*

En Aveyron, 10 villages ont vu leurs efforts e
matière de préservation du patrimoin
récompensés en rejoignant l'Association « Les Plu
Beaux Villages de France », un label duremer
acquis et constamment remis en question.

Ces petits villages ont su concilier histoire e
modernisme en préservant leurs richesse:
tout en maintenant la vie dans nos campagnes.

Ces chemins de randonnée, témoins d'un
autre époque, vous amèneront vers I
découverte des richesses de nos villages, d
patrimoine certes, mais aussi gastronomie, natur
environnement, accueil chaleureux des habitants d
nos bourgs.

Les 10 « Plus Beaux Villages » en Aveyro
ont fait le pari de relier à travers la passio
de la randonnée pédestre les atouts qu'ils ont e
commun.

Venez nombreux vous évader dans ces grand
espaces aveyronnais !

Le Président  *Claude Cayla*

Les 10 Plus Beaux Villages

de France en Aveyron vous accueillent !

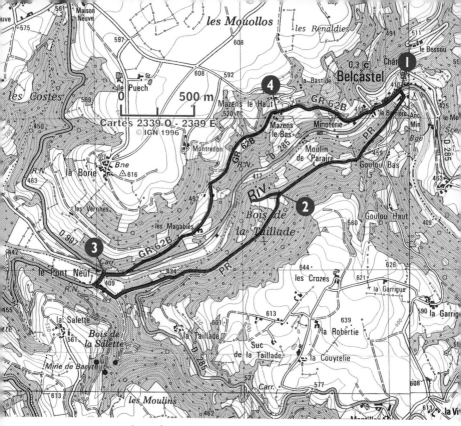

Le fort du roc d'Anglars, la grotte du Lourdou

L e roc d'Anglars, situé à cinq
cents mètres en aval du village,
domine la rivière et la grotte du
Lourdou d'une cinquantaine de
mètres. Ce rocher présente des vestiges de fortifications qui dateraient
du VIᵉ siècle. Cette construction aurait
constitué un fort, véritable poste
avancé du château. Ce fort est com-
posé d'une double structure destinée à
la fois à la défense et à la conservation des denrées, et il permettait de
surveiller la voie carolingienne qui
suivait la vallée de l'Aveyron. Au pied
du roc (*y accéder en suivant le chemin de croix*) dans une anfractuosité
de la grotte du Lourdou (« petit
Lourdes » en occitan) se niche la statue de Notre-Dame-de-Lourdes.

Fort d'Anglar. *Photo Comité 12.*

Le roc d'Anglars

**2h
6 km**

490 m
410 m 160 m

Une très agréable randonnée au cœur d'une vallée boisée et verdoyante, abritant de nombreux sites chargés d'histoire et en particulier le village de Belcastel.

Sécadou

A.MARC

Situation Belcastel, à 25 km à l'ouest de Rodez par les D 994 (direction Rignac) et D 285 (par Mayran)

 Parking parking (entrée ouest ou est du village)

Balisage

1 à **3** jaune (signalétique « plus beaux villages »)
3 à **1** blanc-rouge

Ne pas oublier

❶ De l'office de tourisme, franchir le vieux pont *(en dos d'âne et à cinq voûtes en arc brisé, croix de pierre XIIe au milieu du pont)* pour passer sur la rive gauche. Prendre la petite route à droite. Après l'église Sainte-Madeleine *(gisant et chemin de croix remarquable)*, poursuivre sur 150 m, puis obliquer à droite sur le chemin de terre. Continuer par la piste gravillonnée à droite jusqu'au roc d'Anglars *(possibilité de visiter le fort, prudence)*.

▶ Accès à la grotte de Lourdou (15 mn aller-retour) : sur le côté ouest du fort, en contrebas du rocher, prendre le sentier du chemin de croix qui mène à la grotte de Lourdou, puis remonter au fort et revenir à la piste gravillonnée.

❷ Poursuivre par la piste en direction du Pont-Neuf sur 800 m, laisser à gauche le sentier qui monte à La Taillade, puis emprunter la D 285 à droite et franchir la rivière.

❸ Continuer par la D 285 à droite en direction de Belcastel sur 100 m, puis monter à gauche par le chemin de terre. Prendre le chemin d'exploitation à droite sur 100 m, passer à gauche de la ferme de Magabies et poursuivre la montée. Emprunter à droite la « carral » *(chemin forestier)*, à niveau jusqu'à la ferme de Mazens-le-Bas.

❹ Passer la ferme puis, dans le lacet, descendre par la petite route à droite vers Belcastel. Continuer par la D 285 jusqu'au centre du village.

  À voir

 **En chemin**

■ Belcastel : vieux pont (croix XVe), église XVe (chemin de croix de Casimir Ferrer, gisant d'Alzias de Saunhac, statues XIVe-XVe), maisons anciennes et ruelles, château fondé au XIe siècle ■ site du roc d'Anglars (fort) ■ chemin de croix, grotte et chapelle du Lourdou

Dans la région

■ vallée de l'Aveyron
■ site de Mirabel : vestiges du château, église, rocher de la Chaise du Seigneur de Roquecante (vue sur la vallée et le village de Belcastel)
■ Mayran : église XVe (croix-reliquaire)
■ Rignac : aire de loisirs, plan d'eau

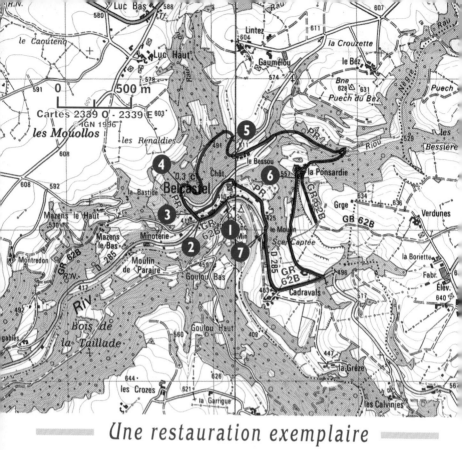

Une restauration exemplaire

Relever les ruines du château de Belcastel, tel est le défi complètement fou que lança en 1974 l'architecte Fernand Pouillon, pour le faire renaître. Que serait devenu le village avec son château, ses belles maisons et ses ruelles sans la ténacité de ce mécène et la volonté de la municipalité de Belcastel et de son maire, second bâtisseur, de redonner à ces pierres leur allure d'antan ?

En 1967, dans le guide des chefs-d'œuvre en péril, Pierre Lagarde écrivait à propos du château de Belcastel : « *Il fallait des moyens quasi pharaoniques pour construire rapidement un château fort. Vouloir restaurer seul un château du Xe siècle, éboulé et embroussaillé c'est vider la mer avec une cuillère…* ». Dix ans plus tard, l'ancienne forteresse se dresse fièrement au-dessus du village.

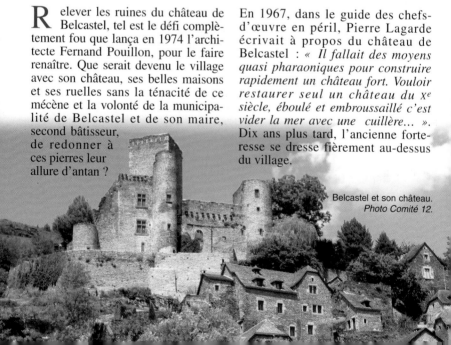

Belcastel et son château.
Photo Comité 12.

Le château de Belcastel

2h10
6,5 km

540 m
410 m · 240 m

Situation Belcastel, à 25 km à l'ouest de Rodez par les D 994 (direction Rignac) et D 285 (par Mayran)

Parking parking (entrée ouest ou est du village)

Balisage

❶ à ❷ blanc-rouge
❷ à ❻ jaune (signalétique « plus beaux villages »)
❻ à ❼ blanc-rouge
❼ à ❶ jaune (signalétique « plus beaux villages »)

⚠ **Difficulté particulière**

■ gué entre ❹ et ❺
■ montée très raide entre ❹ et ❺

Ne pas oublier

En suivant les crêtes et en parcourant les hauteurs qui dominent le village de Belcastel, ce circuit assez court offre des vues uniques et insolites sur le site et son château.

❶ De l'office de tourisme, face au vieux pont, suivre l'Aveyron vers l'aval par la D 285.

❷ A la sortie du village, après le petit pont, prendre à droite la route du Bessou.

❸ Laisser le chemin du retour à droite, continuer sur 150 m puis, dans le lacet, monter tout droit par le chemin de terre sur 150 m.

❹ Bifurquer à droite sur le sentier des Crêtes, passer le ruisseau à gué et, après 150 m, virer en épingle à gauche *(bien suivre le balisage)* sur un étroit sentier abrupt et caillouteux bordé de haies d'aubépines. Il s'élève ensuite à découvert au milieu des bruyères. Au sommet de la croupe *(point de vue exceptionnel sur le site de Belcastel, la face nord du château, l'église et la vallée)*, continuer à travers les châtaigniers, puis descendre vers le Bessou.

❺ Suivre la route à droite, passer devant la ferme du Bessou, continuer sur 250 m, puis obliquer à gauche sur la « carral » *(chemin forestier)* qui longe le Riou Negre jusqu'au vieux moulin du Cassan. Au calvaire, passer à droite sur l'ancienne retenue, monter à travers bois jusqu'à La Ponsardie et, avant la ferme, arriver à une bifurcation.

❻ Monter à gauche jusqu'à la croix de Mounes *(cette croix indiquerait le lieu où le seigneur de Belcastel, Raymond de Mounes, mourut des suites d'un duel le regard tourné vers le village)*, puis revenir à La Ponsardie *(vues sur la face est du château)*.

❻ Poursuivre la descente à gauche *(vues sur le village et la vallée)*. Emprunter la D 285 à droite et passer le hameau de Cadravals.

❼ Au niveau d'un calvaire, faire à droite un aller-retour de 100 m jusqu'aux Chaises du Seigneur *(sièges creusés dans le rocher datant du XVIe siècle, peut-être lieu de justice ou lieu de promenade des châtelains avec vue sur le village)*. Continuer la descente. Au carrefour, bifurquer à droite vers le château *(vue sur le vieux village)*. Le contourner. Suivre la route du Bessou à gauche sur 200 m, puis s'engager à gauche sur une « carral » qui retrouve l'itinéraire emprunté à l'aller au point ❸.

À voir

 En chemin

■ croix de Mounes ■ Chaises du Seigneur ■ château fondé au XIe siècle ■ Belcastel : vieux pont (croix XVe), église XVe (chemin de croix, gisant)

 Dans la région

■ Belcastel : fort d'Anglars, chemin de croix, grotte et chapelle du Lourdou ■ vallée de l'Aveyron ■ site de Mirabel : vestiges du château

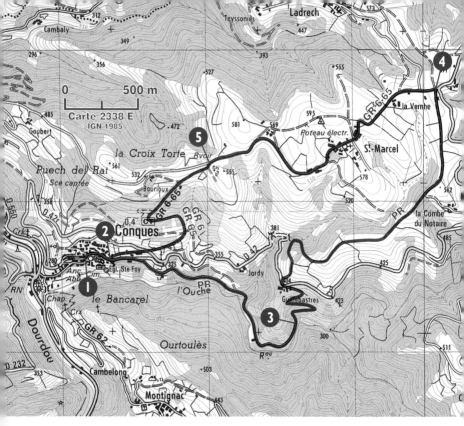

Le trésor et les pèlerins

Célèbre étape médiévale pour les pèlerins de Saint-Jacques-de-Compostelle, Conques a retrouvé depuis un siècle une vraie notoriété. Grâce aux reliques de sainte Foy, dérobées en 866 à Agen par un moine, Conques devint une étape obligée sur le chemin des pèlerins. Encore aujourd'hui la vénération des reliques de la sainte reste vivante.

Si l'abbatiale s'enorgueillit d'abriter sous ses voûtes un trésor incomparable de sculptures romanes (tympan, chapiteaux…), il est un autre trésor que les hommes ont su conserver, constitué par un prestigieux ensemble de reliquaires d'or ou d'argent constellés de pierreries dont la célèbre majesté de sainte Foy (IXe – Xe siècles) en or serti de pierres précieuses.

Majesté de sainte Foix.
Photo OT de Conques.

Sur le chemin de Saint-Jacques

3 h
8,5 km

570 m
300 m / 296 m

Situation Conques, à 37 km au nord-ouest de Rodez par la D 901

Parking entrées du village

Partez à la rencontre d'une nature encore protégée tout en empruntant les pas des pèlerins qui ont fait de Conques, à travers l'histoire, un véritable « phare » de la chrétienté.

❶ De la place de l'Abbatiale, remonter la rue principale *(rue Henri-Parayre)* vers la mairie.

Croix sculptée

❷ Laisser la voie de retour à gauche, poursuivre par la rue principale, dépasser la maison familiale de vacances et obliquer à droite pour traverser le parking. Continuer par la petite route qui longe l'Ouche. Après la station d'eau potable, la route se prolonge par un chemin de terre.

❸ A la retenue, bifurquer à gauche et monter par un sentier escarpé en lacets à travers bois jusqu'à la ferme de Guillebastres. Traverser la D 42 et continuer par l'étroit chemin pierreux qui s'élève en sous-bois puis atteint une croupe couverte de bruyère *(vues sur les gorges de l'Ouche et le site de Conques)*. Poursuivre à découvert vers la ferme, longer les bâtiments d'exploitation, puis emprunter le chemin de desserte.

❹ Au croisement, prendre la route à gauche. Traverser Saint-Marcel *(eau)* et continuer par la route de crête *(panorama sur les vallées et les plateaux environnants)* jusqu'au château d'eau, au lieu-dit La Croix-Torte.

❺ Obliquer à gauche sur le chemin de terre. Au niveau de la maison ancienne, descendre à droite par l'antique chemin creux bordé de murets du Chapitre *(chemin jacquaire)*. Croiser un chemin d'exploitation et poursuivre la descente vers Conques par le sentier empierré. Traverser la D 42 et continuer par la route étroite puis les rues pavées.

❷ Rejoindre l'abbatiale de Conques.

Balisage

❶ à ❷ blanc-rouge
❷ à ❹ jaune (signalétique « plus beaux villages »)
❹ à ❶ blanc-rouge

Difficulté particulière

■ montée raide entre ❸ et ❹

Ne pas oublier

À voir

En chemin

■ Conques : abbatiale, tympan, cloître et trésor, musée Joseph Fau, anciennes maisons à colombages et ruelles pavées, centre européen d'Art et de Civilisation médiévale

Dans la région

■ Conques : pont Romain (ou pont des Pèlerins), chapelle Saint-Roch XVIe, point de vue du Bancarel ■ Grand-Vabre : site de La Vinzelle ■ Saint-Cyprien : moulin de Sanhes ■ Sénergues : château, tour de Montarnal

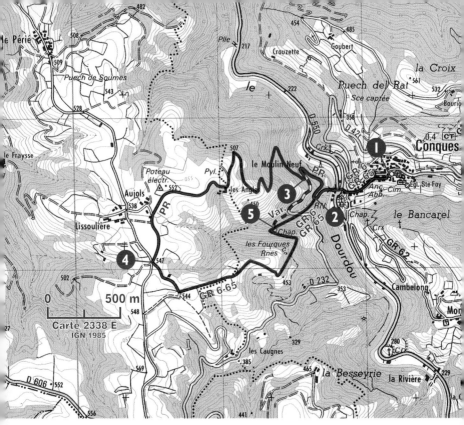

Les vitraux de l'abbatiale

L'église abbatiale Sainte-Foy construite aux XIe et XIIe siècles, avec son tympan du Jugement dernier, est une étape majeure sur l'une des quatre routes (celle du Puy-en-Velay) en direction de Saint-Jacques-de-Compostelle. En 1987, Pierre Soulages, peintre abstrait de notoriété internationale, né en 1919 à Rodez, commence à travailler avec enthousiasme sur le projet de création des vitraux de l'église Sainte-Foy. Dans le respect de l'architecture romane, Pierre Soulages, adepte du noir, a conçu des vitraux qui assurent en la modulant une transmission diffuse de la lumière naturelle. C'est en 1994 qu'il achève la réalisation des 95 verrières et des 9 meurtrières. L'abbatiale et le pont des Pèlerins sont inscrits sur la liste du Patrimoine mondial de l'Unesco au titre des Chemins de Compostelle en France.

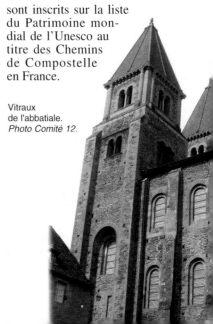

Vitraux de l'abbatiale.
Photo Comité 12.

20

Sainte-Foy de Conques

2 h 20
6 Km

552 m
229 m / 375 m

Dans cet austère et sauvage paysage, au confluent des gorges creusées par l'Ouche et de la vallée du Dourdou, se niche le site de Conques, rayonnant de lumière et semblant figé par le temps.

Moine-soldat

❶ De la place de l'Abbatiale, descendre par la rue Charlemagne, franchir le pont des Pèlerins qui enjambe le Dourdou et continuer par la D 232.

❷ Dans le lacet, laisser le sentier du retour, poursuivre par la route, effectuer un second lacet et continuer sur 80 m.

❸ S'engager sur le sentier à droite. Il s'élève à travers bois *(vue sur Conques ; remarquer l'homogénéité des constructions : maisons en grès, schiste ou calcaire, toitures couvertes de lauzes)* et atteint la crête. Au niveau du premier hangar, aller à droite *(ne pas oublier de refermer la barrière de bois)*, laisser Les Angles sur la gauche et continuer par la route. Passer à gauche du hameau d'Aujols, puis arriver à un croisement de routes et de chemins.

❹ Prendre le chemin à gauche, puis obliquer à gauche. A travers bruyères et genêts puis en sous-bois, descendre à la chapelle Sainte-Foy *(construite, selon la légende, à l'emplacement où le moine, portant les reliques de sainte Foy depuis Agen, tomba épuisé ; la sainte lui apparut en songe et lui proposa de boire du vin pour un jour ou de l'eau pour toujours, le moine opta pour l'eau et frappa le rocher avec son bâton ; depuis ce jour, coule une source aux vertus curatives et bienfaisantes).*

▶ Variante permettant d'éviter la descente raide : avant la chapelle, emprunter à gauche la piste forestière qui rejoint la D 232 *(points de vue sur la vallée et sur Conques)*, puis descendre par la route au pont des Pèlerins.

❺ Après la chapelle, poursuivre la descente par le sentier escarpé, traverser la D 232, puis retrouver le lacet de la route.

❷ Par l'itinéraire de l'aller, rejoindre le pont des Pèlerins, puis remonter à l'abbatiale par la rue Charlemagne.

Situation Conques, à 37 km au nord-ouest de Rodez par la D 901

 Parking entrées du village

Balisage
❶ à ❷ blanc-rouge
❷ à ❹ jaune (signalétique « plus beaux villages »)
❹ à ❷ blanc-rouge

⚠ **Difficulté particulière**

■ descente raide entre ❺ et ❷ (évitée par la variante)

Ne pas oublier

À voir

 En chemin

■ pont des Pèlerins ■ points de vue ■ chapelle Sainte-Foy ■ Conques : abbatiale, tympan, cloître et trésor, musée Joseph Fau, anciennes maisons à colombages et ruelles pavées, centre européen d'Art et de Civilisation médiévale

Dans la région

■ Noailhac : chapelle Saint-Roch ■ Grand-Vabre : site de La Vinzelle
■ Saint-Cyprien : moulin de Sanhes ■ Sénergues : château, tour de Montarnal, forêt domaniale

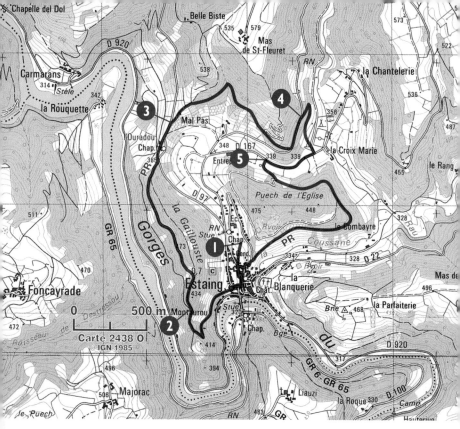

L'Ouradou et le vignoble

La vigne sur les coteaux d'Estaing.
Photo Comité 12.

Lа chapelle de l'Ouradou située dans l'enceinte d'une ferme date du début du XVIᵉ siècle. De style ogival (gothique flamboyant), dédiée à saint Jean-Baptiste, elle abrite un bas-relief représentant le Baptême du Christ, et deux groupes de statues de pierre classées par les Monuments Historiques.

La culture de la vigne à Estaing remonte à un lointain passé, et a conquis ses titres de noblesse à l'époque des comtes d'Estaing. Le vignoble s'accroche aux versants escarpés et ensoleillés dominant la vallée du Lot et couvre des terrasses aménagées. Une poignée de vignerons a su maintenir une tradition de qualité, encouragée par l'obtention d'un label VDQS. Les vins rouges délicats et bouquetés accompagnent les plats régionaux, les blancs secs et fins s'accordent avec les poissons et les fruits de mer.

De la chapelle au vignoble

Une courte mais très intéressante randonnée à travers le vignoble dominant la vallée du Lot, le bourg médiéval et le vallon d'Estaing.

❶ Du parking, descendre par la rue principale, passer la mairie *(syndicat d'initiative)* et continuer sur 50 m jusqu'à la pharmacie. Prendre à droite la rue Saint-Fleuret puis la rue d'Oultre. Au croisement, monter à gauche par la ruelle qui se prolonge en sentier herbeux bordé de buis *(vues sur la vallée et la cité d'Estaing)* et qui atteint le plateau.

❷ Au premier croisement de chemins, monter à droite puis, au deuxième, continuer à gauche *(vues sur la rivière)* et descendre vers L'Ouradou *(pour visiter la chapelle, prendre rendez-vous avec le syndicat d'initiative)*. Emprunter la D 97 à gauche sur 150 m.

❸ Bifurquer à droite sur un sentier raide. Ensuite, obliquer à droite sur le chemin à niveau traversant le vignoble *(vue sur l'ensemble du vallon d'Estaing)*. Laisser un chemin de vigne à gauche et descendre à droite. Remonter par la petite route à gauche sur 150 m.

❹ Après la vigne, descendre par l'escalier à droite dans un bosquet, franchir la chicane pour longer la pâture à droite et passer la seconde chicane avant d'emprunter le chemin caillouteux à droite. Poursuivre par la route à droite vers la zone artisanale sur 350 m.

❺ Emprunter le chemin de terre à angle droit à gauche. Passer à côté d'une grange désaffectée et monter à gauche vers le bois. Au niveau d'un virage en épingle, laisser à droite le chemin qui gagne directement Estaing et continuer la montée dans le bois sur 500 m. Dans le virage prononcé, s'engager à gauche sur une carral *(chemin forestier)* à niveau. Bordé de haies vives et de murets, elle ramène à Estaing.

Pigeonnier

Situation Estaing, à 36 km au nord de Rodez par les D 988, D 904 et D 22 (à Villecomtal)

 Parking salle des fêtes (rue principale)

Balisage

jaune (signalétique « plus beaux villages »)

Ne pas oublier

À voir

 En chemin

■ Estaing : château XVe-XVIe-XVIIe, église XVe, pont XVIe, vieux village (ruelles)
■ L'Ouradou : chapelle XVIe (visite possible sur RV avec le syndicat d'initiative)
■ vignoble ■ points de vue

 Dans la région

■ Vinnac : église (portail roman, chapelle XIVe et bas-relief XIIe ■ Sébrazac : église du Rougier XIIe ■ Verrière : château et église de Trédou ■ Saint-Géniez-des-Ers : église (clocher à peigne XVIe)

Estaing : cité illustre

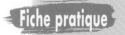

Un remarquable bourg, chargé d'histoire, dominé par son château qui semble protéger les demeures aux toits d'ardoises grises. L'ensemble se reflète dans le miroir formé par les eaux du Lot.

Verrou

3 h 30
13 Km

565m
320m 289m

 Situation Estaing, à 36 km au nord de Rodez par les D 988, D 904 et D 22 (à Villecomtal)

① Du parking, descendre par la rue principale, passer la mairie *(syndicat d'initiative)* et descendre vers le Lot par la rue François-d'Estaing. Traverser le pont *(croix en fer forgé et statue de François d'Estaing)*.

② Monter par le sentier qui part à gauche de la chapelle *(traces d'ornières sur les rochers)*. Prendre la route à gauche vers Liauzi sur 20 m, puis la route à droite en direction du col de Baldrigues *(vues sur la vallée du Lot et Estaing)*.

③ Dans le virage, poursuivre tout droit par le large chemin caussenard, puis par la D 22 à gauche sur 300 m. Bifurquer à droite, puis emprunter la route à gauche et gagner l'entrée de Saint-Geniez-des-Ers *(quitter le GR®6)*.

④ Tourner à droite puis passer à droite de l'église, traverser le village par la rue à droite, puis continuer par le chemin de gravier qui monte sur le causse de Fontcayrade.

⑤ Au croisement, prendre la piste à gauche pour passer au nord-ouest de Fontcayrade. Elle vire à droite. Avant le hameau, tourner à gauche, continuer vers l'orée du bois et descendre vers la vallée. A mi-pente, arriver dans le lacet d'une piste forestière.

▶ **Variante** (circuit de 12 km) : prendre la piste forestière en face pour rejoindre directement Estaing *(voir tracé en tirets)*.

⑥ Bifurquer à gauche, descendre en sous-bois, franchir un thalweg et atteindre un croisement de chemins.

⑦ Suivre le chemin à gauche. Au bout, tourner à droite et, avant La Roquette, emprunter à droite la petite route qui longe le plan d'eau de Golinhac, le Lot puis ramène à la chapelle d'Estaing.

② Franchir le pont et rejoindre le parking.

 Parking salle des fêtes (rue principale)

 Balisage

① à **②** non balisé
② à **④** blanc-rouge
④ à **⑦** jaune (signalétique « plus beaux villages »)
⑦ à **②** blanc-rouge

 Difficulté particulière

■ montée raide et parfois boueuse entre **②** et **③**

Ne pas oublier

À voir

 En chemin

■ Estaing : château XIIIe, église XVe, pont XVIe, vieux village (ruelles) ■ Saint-Geniez-des-Ers : chapelle du Puy-du-Seigneur, église gothique (clocher à peigne XVIe)

 **Dans la région**

■ Estaing : chapelle de L'Ouradou ■ Sébrazac : église du Rougier XIIe ■ Vinnac : église (portail roman, chapelle XIVe et bas-relief XIIe)

Une famille millénaire

Cette cité dominée par un imposant château fut rendue illustre par la famille d'Estaing. Guillaume Ier d'Estaing, compagnon de Richard Cœur de Lion lors de la troisième croisade, Tristan Dieudoné d'Estaing qui sauva la vie de Philippe-Auguste à Bouvines en 1214 et qui reçu en récompense de ce fait d'arme le droit de placer trois fleurs de lys à son blason, le cardinal Pierre d'Estaing qui fit partie de la cour d'Avignon, François d'Estaing, évêque de Rodez de 1504 à 1529 qui fit construire le clocher de la cathédrale de Rodez, et Charles Henri d'Estaing, amiral de France qui joua un grand rôle dans les guerres navales du XVIIe, n'en sont que les membres les plus remarquables.

En haut à gauche, armoiries de la famille d'Estaing. Ci-dessus, tour du château. Ci-dessous, ancien village et le château à Estaing. *Photos Comité 12.*

La tradition de la Saint-Fleuret

Eglise Saint-Fleuret xve siècle.
Photo Comité 12.

Au bout du tronçon Saint-Côme-d'Olt - Estaing, sur le GR® 65 classé au patrimoine mondial de l'Unesco, Estaing, chef-lieu de canton et étape bien connue du pèlerin vers Conques et Saint-Jacques, se caractérise aussi par la tradition de la Saint-Fleuret. Près du porche de l'église du xve, on peut voir agenouillé en bas à gauche un « Jacquet » qui atteste du passage au cours des siècles des pèlerins se rendant à Saint-Jacques-de-Compostelle venant du Puy. Au cours de cette étape, ils pouvaient vénérer des reliques de saint Fleuret dont le culte remonte au viie siècle. Tous les premiers dimanches de juillet, il est honoré avec magnificence. Une solennelle procession autour du buste reliquaire de saint Fleuret parcourt après la messe les rues de la cité. Des personnages costumés (150), représentant l'église du ciel et de la terre, des pèlerins du Moyen Âge de Saint-Jacques ainsi que les plus illustres membres de la famille d'Estaing figurent dans ce défilé. Le couronnement de saint Fleuret est l'apothéose de l'hommage rendu à la façon médiévale au patron de la cité.

Vieux pont sur la Coussane. *Photo Comité 12.*

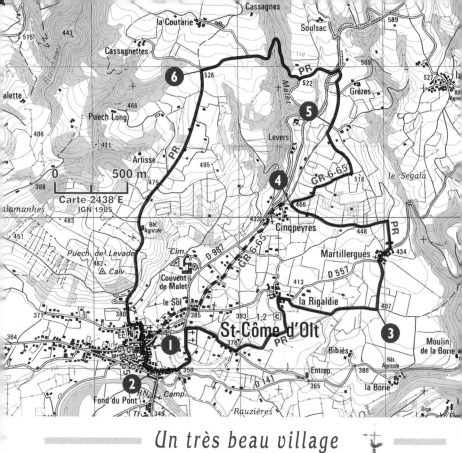

Un très beau village

Saint-Côme, cité médiévale au clocher flammé, est depuis des siècles une étape inévitable sur le chemin de Saint-Jacques-de-Compostelle. On peut entrer dans le centre ancien par trois portes fortifiées.

L'église de style gothique flamboyant du XVIe siècle possède un curieux clocher « en vrille » (clocher tors) et des portes Renaissance. Elle abrite un christ du XVIe siècle, un tableau de 1835 représentant la décollation de Côme et Damien, un lutrin à l'aigle de saint Jean venant de l'abbaye de Bonneval impériale de Napoléon III, et un mausolée en marbre noir.

D'anciennes demeures se succèdent le long des ruelles vers le centre où s'élève le château de Castelnau res-

tauré au XVe siècle (mairie). L'église romane des Pénitents blancs (XIe et XIIIe siècles) fut paroissiale jusqu'au XVIe siècle. Le pont sur le Lot date de 1535.

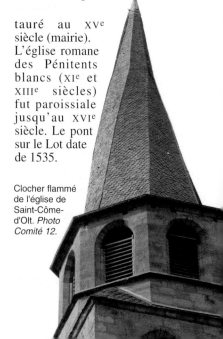

Clocher flammé de l'église de Saint-Côme-d'Olt. *Photo Comité 12.*

Les vieilles vignes

Une randonnée contrastée à travers les grasses prairies et riches cultures de la plaine ou le long des versants jadis couverts de vignes, avec la cité médiévale de Saint-Côme en point de mire.

Oratoire
de Saint-Côme

A. MARC

2 h 50
8,5 km

528 m
350 m / 178 m

Situation Saint-Côme-d'Olt, à 32 km au nord-est de Rodez par les D 988, D 920 et D 987 (à Espalion)

 Parking tour de ville ou place de la Fontaine

 Balisage

❶ à ❷ blanc-rouge

❷ à ❹ jaune (signalétique « plus beaux villages »)

❹ à ❺ blanc-rouge

❺ à ❶ jaune (signalétique « plus beaux villages »)

Ne pas oublier

❶ De la place de la Mairie, suivre la rue de l'Eglise sur 10 m, puis la rue du Four à gauche. Après le porche, continuer en face par la rue du Terral.

❷ Poursuivre tout droit. Au carrefour, prendre à gauche le chemin des Costefolles, longer le cimetière, puis emprunter à droite la route de Mandailles sur 300 m. Obliquer à gauche sur le chemin herbeux menant à La Rigaldie *(constructions intéressantes)*. Dans le hameau, utiliser la petite route à droite sur 100 m, puis s'engager à droite sur le chemin d'exploitation.

❸ Au croisement, tourner à gauche, puis traverser Martillergues *(demeures bien rénovées)* à droite sur 200 m. A la sortie du hameau, bifurquer à gauche, puis s'engager à gauche, à angle droit, sur le chemin de terre. Il longe des vignes puis se faufile entre deux haies d'aubépines. A la fourche, monter à droite vers Cinqpeyres *(maisons traditionnelles)*.

▶ Variante (circuit de 5 km) : suivre le GR® 65 à gauche pour revenir directement à Saint-Côme-d'Olt (durée 1 h 40).

❹ Avant le hameau, tourner à droite, puis monter par le chemin empierré jusqu'à un embranchement. Prendre à droite.

❺ Continuer tout droit par la petite route, puis emprunter la D 987 à gauche sur 50 m *(prudence)*. Avant le virage, bifurquer à droite sur la petite route ombragée en direction de La Coutarie et franchir le vallon de Malet. Laisser la route de La Coutarie à droite et poursuivre par la route de Cassagnettes sur 350 m.

❻ Au croisement, s'engager à gauche sur le chemin de terre qui longe pâtures, cultures et vignes sur 2 km. Il descend vers Saint-Côme-d'Olt *(vues sur Saint-Côme-d'Olt et le couvent de Malet)*. Passer devant l'Ouradou *(petit oratoire de 1586, halte pour les pèlerins)*, puis emprunter le tour de ville à gauche pour rejoindre le centre du bourg.

À voir

 En chemin

■ Saint-Côme-d'Olt : cité médiévale, église XVIe (clocher flammé), château, chapelle Saint-Pierre ■ oratoire de l'Ouradou

Dans la région

■ Espalion : Vieux palais Renaissance (1572), église Saint-Hilarian en grès rouge, pont Vieux, église de Perse, centre ancien ■ Roquelaure : village perché et coulée de lave ■ Mandailles : maisons XVIe, église, ruines du château ■ Castelnau : église, presbytère XVIIe

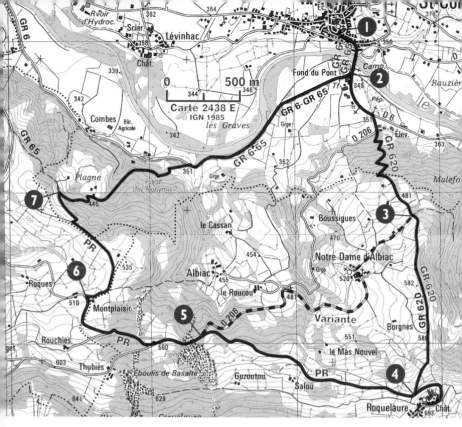

Le château de Roquelaure
et la coulée de lave

Bâti sur un piton volcanique à proximité de deux gros blocs de basalte en forme de pain de sucre, le château domine la vallée et le bourg de Saint-Côme. L'édifice récemment restauré est flanqué de quatre tours du XIe siècle. Il appartint aux seigneurs de Calmont puis aux Roquelaure, puis aux Bessuéjouls-Roquelaure. Reconstruit au XIIIe siècle puis au XVe siècle, il était en très mauvais état, lorsqu'en 1966 un industriel parisien envisagea sa rénovation (*ne se visite pas*).

Tour du château de Castelnau. *Photo Comité 12.*

La « coulée » de lave de Thubies ou plutôt le « clapas » (éboulis de pierres) : à l'origine, les prismes basaltiques issus des éruptions volcaniques furent soumis à l'action du gel durant la période glaciaire. Sectionnés et charriés ils furent pris dans les glaces et les neiges puis transformés en éboulis. Quand les conditions climatiques se modifièrent la progression s'arrêta. S'ils sont bien d'origine volcanique, ces éboulis ne constituent pas en réalité une « coulée ».

Roquelaure et le « clapas » de Thubiès

Deux remarquables sites chers aux randonneurs de l'Espalionnais : le piton volcanique de Roquelaure avec son château du XIᵉ siècle et son belvédère, puis la coulée de lave (ou « clapas ») de Thubiès.

Vache d'Aubrac

❶ De la place de la Mairie, suivre la rue de l'Eglise sur 10 m, puis la rue du Four à gauche. Après le porche, continuer en face par la rue du Terral, puis tourner à droite pour franchir le Lot sur le vieux pont.

❷ Suivre la D 6 à gauche sur 300 m. Au carrefour, prendre la D 206 à droite en direction de Roquelaure sur 100 m puis, dans le virage, s'engager à gauche sur l'ancien chemin pavé, assez difficile et escarpé. Il atteint un embranchement à mi-côte.

▶ Variante (circuit de 8,5 km ; 2 h 50) : partir à droite et gagner Notre-Dame-d'Abiac *(chapelle à nef romane et chœur gothique)* ; dans le hameau, tourner à gauche puis à droite et poursuivre par la D 206 à gauche pour retrouver le circuit principal.

❸ Continuer la montée à gauche et arriver au pied de Roquelaure.

❹ Prendre la route à gauche pour gagner le village (belvédère, château privé), puis revenir.

❹ Continuer par la petite route.

❺ Poursuivre tout droit par la D 206 qui traverse la coulée de lave. Au carrefour, obliquer sur la route à droite, continuer à droite et gagner la ferme de Montplaisir.

❻ S'engager sur le chemin d'exploitation à droite. Il passe dans les champs puis longe un bois et atteint un embranchement.

❼ Emprunter à droite la « carral » *(chemin forestier)* et descendre vers la vallée *(passages en mauvais état)*. En bas, suivre à droite la petite route qui longe le Lot et ramène à Saint-Côme.

❷ Franchir le pont et, par l'itinéraire de l'aller, rejoindre le centre du bourg.

---

3 h • 10 km

693 m / 350 m / 350 m

Situation Saint-Côme-d'Olt, à 32 km au nord-est de Rodez par les D 988, D 920 et D 987 (à Espalion)

Parking tour de ville ou place de la Fontaine

Balisage
❶ à ❹ blanc-rouge
❹ à ❼ jaune (signalétique « plus beaux villages »)
❼ à ❶ blanc-rouge

Difficulté particulière

■ sentier pierreux, boueux et escarpé entre ❷ et ❸
■ « carral » en mauvais état après ❼

À voir

En chemin

■ Saint-Côme-d'Olt : cité médiévale, église XVIᵉ (clocher flammé), château, chapelle Saint-Pierre ■ Roquelaure : village perché ■ coulée de lave

Dans la région

■ Espalion : Vieux palais Renaissance (1572), église Saint-Hilarian en grès rouge, pont Vieux, église de Perse, centre ancien ■ Mandailles : maisons XVIᵉ, église, ruines du château ■ Castelnau : église, presbytère XVIIᵉ

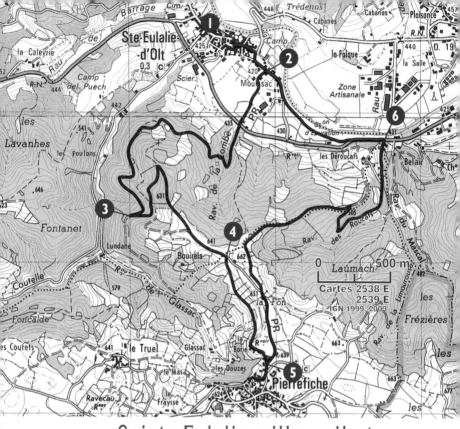

Sainte-Eulalie, village d'art

L es restaurations menées ces dernières années n'ont rien ôté au charme médiéval du bourg. Plusieurs joyaux d'architecture égayent la cité. L'église (XI, XII et XVIᵉ siècles), chef-d'œuvre d'art roman et gothique, abrite deux épines de la couronne du Christ. Érigée au XIᵉ siècle, fortifiée au XIIᵉ, elle fut agrandie en 1530 par François d'Estaing, évêque de Rodez. Au cœur du village, le château des Curières de Castelnau construit au XVᵉ siècle abrita l'une des plus anciennes familles du Rouergue dont est issu le Général de Castelnau. Près du château, l'hôtel Renaissance (1564) présente une élégante tour d'angle abritant un escalier en colimaçon. La façade ornée de fenêtres à meneaux est soutenue par des corbeaux monolithes.

Chevet de l'église de Sainte-Eulalie.
Photo Comité 12.

Le sentier de Pierrefiche

Une randonnée contrastée entre la verdoyante vallée du Lot et le causse de Pierrefiche, à travers hêtres, chênes et châtaigniers.

❶ De la place de l'Eglise, partir vers l'est par la rue principale, puis suivre la rue du Tombarel à droite sur 200 m.

❷ Au carrefour, prendre à droite le chemin bitumé qui se prolonge par un chemin herbeux. Traverser la D 988 et monter en face par le chemin forestier sur 1,7 km.

❸ Au croisement de pistes, virer en épingle à gauche pour continuer la montée en lacets, dans une chênaie. Après un petit bosquet de résineux, arriver sur le plateau et suivre à découvert le chemin d'exploitation sur 500 m.

❹ Quitter la piste principale, descendre à droite par le chemin de terre jusqu'à un abreuvoir en bon état, remonter vers Pierrefiche, passer à côté d'un deuxième abreuvoir et arriver à l'angle du cimetière.

❺ Continuer tout droit pour gagner le centre du village *(église XIIᵉ, chœur roman et clocher XVᵉ)*, puis revenir au cimetière.

❺ Longer le cimetière sur la droite et suivre la petite route jusqu'au panorama *(vues sur le bassin de Saint-Géniez et les monts d'Aubrac en arrière-plan, calvaire de 1764)*. Poursuivre à droite par le chemin gravillonné qui se prolonge par une piste forestière assez raide. Elle descend à droite en lacets vers Bellevue et la vallée.

❻ Suivre la D 988 à gauche sur 300 m *(prudence)*, puis utiliser à droite le délaissé de route qui longe le Lot.

❷ Par l'itinéraire de l'aller, regagner le centre de Sainte-Eulalie.

Sainte-Eulalie. *Photo Comité 12.*

3 h
9,5 Km

651 m
420 m / 235 m

Situation Sainte-Eulalie-d'Olt, à 40 km au nord-est de Rodez par la D 988 (direction Bozouls puis A 75)

 Parking Point accueil tourisme

 Balisage

jaune (signalétique « plus beaux villages »)

Difficulté particulière

■ chemin boueux par temps humide entre **❸** et **❹**

Ne pas oublier

À voir

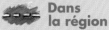 **En chemin**

■ Sainte-Eulalie-d'Olt : village médiéval, église romane, moulin à roue verticale, maison Renaissance, maison en galets du Lot et à colombages
■ Pierrefiche : église XIIᵉ

Dans la région

■ Malescombes : église XVIIᵉ, écurie de l'ancien château ■ anciens moulins (privés) de Lundanne-les-Foulons et des Douzes ■ Saint-Géniez-d'Olt : anciennes maisons à colombages, hôtels particuliers, église XIIᵉ (retable XVIIᵉ)

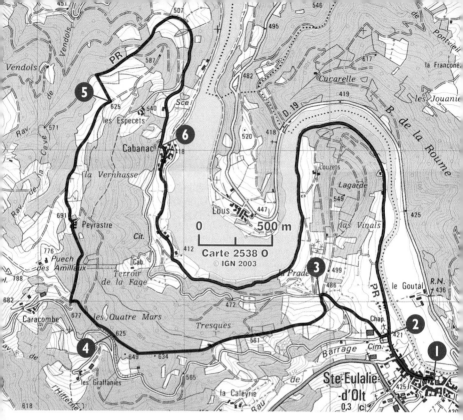

Sainte-Eulalie et son histoire

Durant le Moyen Age, le village se développa autour d'un château bâti par l'évêque de Rodez au débouché d'une « draille » entre causse et montagne, ce qui nécessita la construction d'un pont sur le Lot. À l'origine, Sainte-Eulalie aurait été une place forte ceinturée de murailles, de fossés, et flanquée de tours.

Les galets de la rivière ont été utilisés pour construire les murs des maisons édifiées le long d'étroites ruelles. Des demeures à tourelles s'ornent d'un détail architectural évoquant une richesse qui remonte au temps où le bourg pratiquait le négoce du drap. En 1237, l'évêque de Rodez était seul régis-

Ancienne maison rénovée. *Photo Comité 12.*

seur de la cité jusqu'en 1302 date à laquelle s'est adjoint la famille de Curières ; Louis XV enleva ce privilège en 1746, puis la Révolution nomma un maire à la tête de la cité.

De crêtes en vallée

Moulin
A.MARC

Depuis les crêtes boisées dominant la vallée du Lot et le coquet village de Sainte-Eulalie, une très agréable randonnée hors du temps.

① Prendre, à l'opposé de la place de l'Eglise, une rue étroite vers l'ouest et déboucher dans la rue principale à droite du restaurant « Le Moulin d'Alexandre ». Poursuivre tout droit jusqu'au cimetière.

② Avant la petite chapelle, emprunter à gauche la route en direction de Cabanac sur 100 m, puis bifurquer à droite. Au pied de la ferme, continuer par le chemin creux parfois boueux, puis suivre la route à droite sur 200 m.

③ Dans le virage, grimper en épingle à gauche par le chemin de terre très encaissé et assez raide, puis atteindre un calvaire (vue sur Sainte-Eulalie et la vallée du Lot). Poursuivre la montée en lisière de bois. Après une clairière, passer à gauche d'une petite maison forestière et continuer en sous-bois jusqu'à la route de Caracombes.

④ Longer la route sur 100 m, puis continuer la montée à droite par le chemin forestier assez escarpé jusqu'à la ferme de Peyrastre. Traverser les ruines et suivre le chemin de desserte jusqu'au point culminant (691 m). Au croisement, emprunter à droite le chemin de crête *(vues sur la vallée, les monts d'Aubrac ; à gauche, sur le Puech du Barry et le village de Mandailles qui s'étire sur une crête)* qui descend en pente douce.

⑤ Entrer à gauche dans la pâture clôturée, la traverser en son milieu sur 200 m, puis prendre le chemin de terre à droite. Il descend à travers bois. Poursuivre la descente par la route des Especets vers Cabanac.

⑥ Tourner à gauche pour traverser le hameau, puis suivre les bords du lac de Castelnau-Lassouts. Passer l'aire de pique-nique, longer le camping et continuer par la piste qui surplombe le lac. Elle ramène à la chapelle de l'aller.

② Par la rue principale, rejoindre le centre du bourg.

3h
11 Km
691 m
420 m 315 m

Situation Sainte-Eulalie-d'Olt, à 40 km au nord-est de Rodez par la D 988 (direction Bozouls puis A 75)

 Parking Point accueil tourisme

 Balisage
jaune (signalétique « plus beaux villages »)

 Difficulté particulière

■ montée raide entre **③** et **④**

Ne pas oublier

À voir

 En chemin

■ Sainte-Eulalie-d'Olt : village médiéval, église romane, moulin à roue verticale, maison Renaissance, maison en galets du Lot et à colombages
■ Cabanac : hameau typique

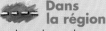 **Dans la région**

■ Malescombes : église XVIIe, écurie de l'ancien château
■ anciens moulins ■ Saint-Géniez-d'Olt : anciennes maisons à colombages, hôtels particuliers

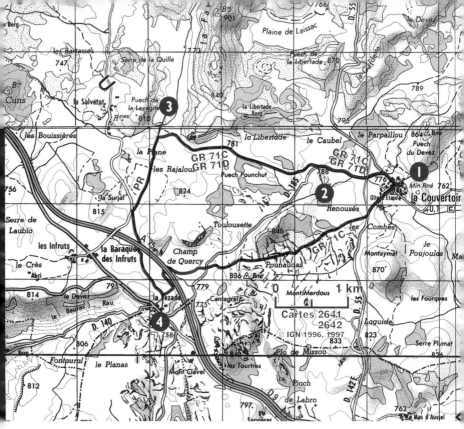

La reine du Causse

Dans la zone de Roquefort, la race de brebis de Lacaune est exploitée pour la traite. Rustique et bonne laitière, cette race ovine présente aussi de bonnes aptitudes bouchères et compose la quasi-totalité des troupeaux que l'on rencontre sur le Causse du Larzac. Bien campée sur ses pattes, elle est bâtie pour les pâturages de parcours. Elle met bas entre novembre et fin janvier.

Troupeau de brebis dans le Larzac. *Photo PNRGC.*

Au terme d'une période de sevrage d'un mois, commence la période de traite qui dure environ huit mois jusqu'en juillet - août. La production est essentiellement transformée en fromage de Roquefort « le roi des fromages et le fromage des rois ». Une brebis fournit en moyenne 200 litres de lait par an. Douze litres de lait sont nécessaires à la fabrication d'un pain pesant 2,9 kg avant son entrée en cave puis 2,7 kg après quatre mois d'affinage (soit environ 4 litres de lait pour 1 kg de fromage).

Au cœur du causse

3 h
10 Km

788 m
762 m 105 m

Partez à la découverte d'une terre aride et sèche et des ses odorants massifs de buis et de genévriers.

Dolmen

❶ Quitter le village par la porte nord. Suivre à droite la petite route jusqu'à une croix (776 m), puis obliquer sur la route à gauche. Au carrefour avec la déviation, continuer en face par la D 185 sur 800 m.

❷ Bifurquer à droite sur le chemin de terre. Il traverse bois et pâtures. Avant une intersection de pistes, obliquer à gauche sur un ancien chemin.

❸ Suivre la piste en terre à gauche et déboucher sur la petite route de La Salvetat à hauteur d'un virage prononcé. Ne pas l'emprunter, mais partir à gauche pour utiliser le passage sous l'A 75 et remonter par l'ancienne voie romaine vers un bosquet.

❹ Tourner à gauche, descendre et longer la clôture de l'autoroute à gauche pour emprunter le passage souterrain. Couper la D 185 et continuer en face par le chemin bordé de murets et de buis. Traverser la déviation avant de rejoindre La Couvertoirade.

La Couvertoirade. *Photo Comité 12.*

 Situation La Couvertoirade, à 42 km au sud-est de Millau par les N 9 et D 185

Parking entrée du village

Balisage
❶ à ❸ blanc-rouge
❸ à ❹ jaune (signalétique « plus beaux villages »)
❹ à ❶ blanc-rouge

Ne pas oublier

À voir

 En chemin

■ La Couvertoirade (ancienne cité templière) : remparts, château, église et ateliers d'artisanat d'art, lavogne construite en 1895

Dans la région

■ ferme de la Salvetat (petit patrimoine rural)
■ Cazejourde : église Saint-Jean-Baptiste XVIIIe ■ Le Caylar : anciens remparts, chapelle romane (autel de pierre XIIe), rochers ruiniformes ■ La Blaquererie : maison des Templiers (tours crénelées et four), église XVIIIe à chevet pentagonal

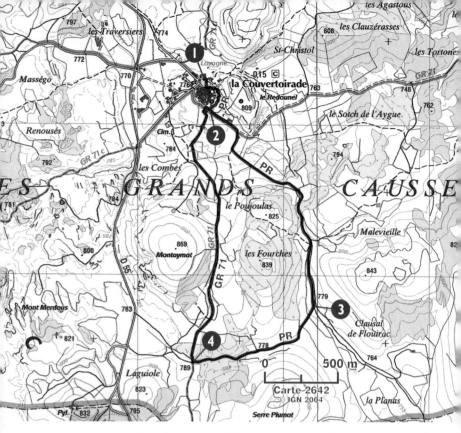

Un beau village templier

L a Couvertoirade était une dépendance de la commanderie de Sainte-Eulalie-de-Cernon. Aux confins du plateau du Larzac, en ce lieu isolé mais stratégique, les Templiers vont construire au XIIe siècle un château, dressé sur un rocher pour surveiller les alentours, à proximité d'une mare naturelle et d'une importante draille (chemin) toujours parcourue par les troupeaux. Le village qui s'est développé au pied du château est entouré de remparts élevés au XVe siècle par les Hospitaliers et percés de deux portes identiques au nord et au sud. La porte sud s'est effondrée en 1912 à la suite d'un orage. Dans le cimetière jouxtant l'église, ont été placées onze moulures de stèles discoïdales pour reconstituer un cimetière médiéval. Les monuments orientés à l'est représentent le soleil et ont été utilisés jusqu'au XVIIe siècle.

Tour d'angle du chemin de ronde. *Photo Comité 12.*

1 h 40
5 Km

810 m
760 m / 120 m

Situation La Couvertoirade, à 42 km au sud-est de Millau par les N 9 et D 185

 Parking entrée du village

Balisage

❶ à ❹ jaune (signalétique « plus beaux villages »)
❹ à ❷ blanc-rouge
❷ à ❶ jaune

Ne pas oublier

Stèle discoïdale.
Photo Comité 12.

La Couvertoirade : un site templier et hospitalier en parfait état de conservation.

❶ Quitter le village par la petite porte d'accès placée entre l'église et le château près du cimetière. Partir à droite, longer la haute muraille et descendre à la lavogne *(une des plus belles du Larzac)*.

❷ Prendre la route à gauche et, après une grange désaffectée, obliquer à droite sur le chemin d'exploitation qui monte en pente douce sur le plateau. Après un large virage, le chemin s'oriente au sud sur 1 km.

❸ Quitter ce chemin *(bien suivre le balisage pour repérer la bifurcation)* pour descendre à droite à travers une pâture sur 100 m. Emprunter la piste en terre à droite, vers l'ouest, sur 900 m et atteindre une intersection.

❹ Prendre le sentier caillouteux à droite. D'abord étroit, il s'élargit ensuite, traverse un petit bois de chênes, se faufile dans une bouissière *(tunnel végétal de buis)*, puis passe dans un petit pré. Continuer par le chemin creux qui débouche au pied du mur d'enceinte de La Couvertoirade. Entrer par la porte sud du village et rejoindre le parking en sortant par la porte nord.

Cardabelle

A. MARC

À voir

En chemin

■ La Couvertoirade (ancienne cité templière) : remparts, château, église et ateliers d'artisanat d'art, lavogne construite en 1895

Dans la région

■ Le Caylar : anciens remparts, chapelle romane (autel de pierre XIIe), rochers ruiniformes ■ La Blaquererie : maison des Templiers (tours crénelées et four), église XVIIIe à chevet pentagonal

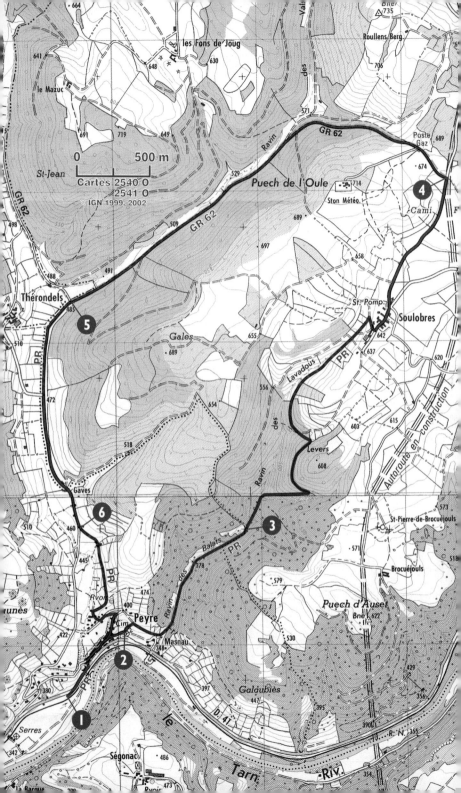

Village troglodytique

3 h
10,5 Km

674 m
368 m / 325 m

Adossé et sculpté à même la falaise, le village de Peyre semble contempler le viaduc de Millau défiant la vallée du Tarn.

Chouette effraie

❶ Du parking, monter par la D 41 sur 200 m, puis gravir à gauche la calade *(étroit chemin pavé)* du Tarn pour gagner l'église troglodytique. Descendre à droite sur 100 m jusqu'à l'église moderne.

❷ Prendre à gauche, entre deux murets, la traverse de Rastouline. Passer devant l'entrée du cimetière et descendre à droite par un ancien chemin de vigne assez escarpé vers la D 41. Près du bois, au calvaire, bifurquer à gauche sur le sentier herbeux puis caillouteux qui remonte le ravin des Balats et débouche sur un terre-plein dans une clairière.

❸ Continuer la montée à droite par un sentier à flanc dans le ravin des Lavadous, puis emprunter un chemin de servitude. A l'entrée de Soulobre, virer en épingle à droite vers le centre du village *(four restauré avec un toit de lauze, croix de pierre)*, puis le traverser à gauche. Au carrefour, à la station de pompage, prendre la route à gauche en direction de Saint-Germain sur 1,2 km *(vues sur le viaduc de Millau et le plateau du Larzac)*.

❹ Avant le passage sous l'A 75, continuer à gauche, puis partir en direction de la station météo sur 350 m. Laisser à gauche la route de la station *(point culminant, vue sur l'ensemble du viaduc)* et poursuivre tout droit par le large chemin gravillonné. Descendre en pente douce le long du ravin des Vals et atteindre un embranchement.

❺ Poursuivre à gauche par la piste en direction de Thérondels sur 600 m. Laisser à droite un des accès au hameau, continuer tout droit par la route et passer Gaves.

❻ Obliquer à gauche sur un ancien chemin herbeux, atteindre le réservoir, puis descendre à droite jusqu'à la route de Thérondels. La suivre à gauche sur 30 m, puis s'engager à droite sur le sentier de la Dabalette et, par les rues du Rocher et de la Pause, rejoindre Peyre.

❷ Descendre à gauche après l'église troglodytique jusqu'à la D 41.

Situation Peyre, à 10 km à l'ouest de Millau par la D 41 (direction Saint-Rome-de-Tarn)

 Parking de la rivière (au bord de la D 41)

Balisage
❶ à ❹ jaune (signalétique « plus beaux villages »)
❹ à ❺ blanc-rouge
❺ à ❷ jaune (signalétique « plus beaux villages »)

⚠ **Difficulté particulière**

■ montée assez raide entre ❷ et ❹

Ne pas oublier

À voir

En chemin

■ Peyre : église troglodyte fortifiée (vitraux, expositions estivales), maisons anciennes, calvaires de pierre ■ Soulobres : village caussenard ■ vues sur le viaduc de Millau et la vallée du Tarn

Dans la région

■ Compregnac : église, maisons anciennes, maison de la Truffe ■ caselles du Causse rouge ■ aire du viaduc de Millau ■ Millau : église Notre-Dame, Beffroi, musée, l'Hôtel Pegayrolles, site archéologique de la Graufesenque

Le village et le viaduc

Peyre. *Photo Comité 12.*

Accroché à une imposante falaise dominant la vallée du Tarn, le petit village de Peyre propose sa vieille silhouette en cours de rénovation et un patrimoine authentique. On ne peut résister au charme de ses maisons traditionnelles en tuf, de ses ruelles empierrées et des calades descendant vers la rivière.

Depuis le parvis de l'église, Peyre offre une vue exceptionnelle sur le viaduc de Millau distant de trois kilomètres. Dessiné par l'architecte anglais Lord Norman Foster, long de 2 460 m, cet ouvrage d'art culmine à une hauteur de 343 m : une prouesse technique alliant un tablier et des pylônes d'acier à 7 piles en béton.

La rue principale. *Photo Comité 12.*

De la vallée au plateau
(végétation et flore)

Sur le plateau, en raison de la nature calcaire, de la situation géographique et de l'hétérogénéité des roches et malgré le caractère aride du plateau, une flore abondante se développe. La forêt a reculé cédant la place à des landes et pelouses utilisés comme parcours pour les brebis.

Les forêts naturelles recouvrant les versants de la vallée du Tarn sont constituées de chênes pubescents, d'alisiers blancs et de tilleuls. Les faces nord abritent le hêtre et l'érable. Le sous-bois sur les pentes des ravins est constitué de bois d'amélanchier et de genévrier (ou cade).

Les fourrés de noisetiers et taillis de chênes abritent le géranium sanguin, le perce-neige, la jonquille, le muguet et, plus rare, le lis martagon.

Les arbrisseaux tapissent le sol : le genêt poilu, la busserole, tandis que le tapis herbacé est formé de nombreuses orchidées.

De vastes étendues d'allure steppique piquetées de buis églantiers et genévriers donnent au paysage son originalité avec les cheveux d'ange ondulant au vent, la fétuque et l'iris nain.

Enfin les cultures sont bordées de haies de frênes et d'ormes, d'églantiers et d'aubépines.

Ci-dessus, jonquille *(photo N.V.)* et ci-dessous, l'église moderne du XIXᵉ siècle et le viaduc de Millau *(photo SLA 12)*.

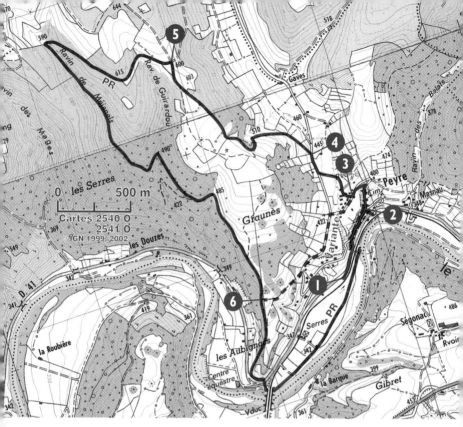

L'église de Peyre

L'église troglodytique Saint-Christophe patron des voyageurs, de base romane, fortifiée au XVIIe siècle, profite d'une profonde cavité dans la falaise servant de refuge aux habitants de Peyre. Elle présente de nombreux éléments défensifs propres à repousser l'ennemi. Bretèches, assommoirs, bouches à feu ont été installés sur sa façade lors de sa fortification. Les vitraux réalisés en 2001 par le maître verrier millavois Emmanuel Chauche assurent un trait d'union entre passé et présent en s'inspirant de la configuration initiale du lieu.

Église adossée à la falaise.
Photo Comité 12.

Le circuit des Ravins

3 h
9 Km

615 m
368 m · 305 m

Une randonnée hors du temps au départ d'un village marqué par l'histoire entre l'azur du ciel et le vert de sauvages vallées dévalant du causse.

Caselle   A. MARC

Situation Peyre, à 10 km à l'ouest de Millau par la D 41 (direction Saint-Rome-de-Tarn)

Parking de la rivière (au bord de la D 41)

Balisage

jaune (signalétique « plus beaux villages »)

Difficulté particulière

■ montée raide et chemin en mauvais état entre ❹ et ❺

Ne pas oublier

❶ Du parking, monter par la D 41 sur 200 m, puis gravir à gauche la calade *(étroit chemin pavé)* du Tarn pour gagner l'église troglodytique. Emprunter à gauche la rue de la Pause.

❷ Prendre la route du Rocher sur 250 m, puis grimper à gauche par le sentier de la Davalette et suivre la route à gauche sur 30 m.

❸ Obliquer à droite sur le chemin de terre, laisser à droite le chemin qui monte au réservoir et continuer tout droit par le chemin herbeux bordé de buis et de murets. Gravir l'escalier en pierre, puis suivre la route de Thérondels à droite sur 200 m.

❹ Bifurquer à gauche sur un étroit chemin pierreux, puis suivre une agréable carral *(chemin forestier)* et rejoindre le plateau. Continuer à droite par le large chemin caussenard sur 500 m.

❺ Au croisement important, prendre le chemin de terre à gauche, au pied d'une pâture *(remarquable caselle)*. Passer le ravin des Guirardous, continuer à flanc, puis suivre le ravin de Mejanels sur la gauche et descendre au milieu des buis et des petits chênes sur 1 km. Franchir le ravin de Guirardous et, par un sentier à niveau, traverser un dernier ravin avant de descendre vers la vallée. Atteindre un embranchement marqué par une canalisation de gaz.

▶ Variante (circuit de 8 km) : suivre le chemin de terre à gauche, continuer par la route de Thérondels et, au calvaire, partir à droite pour franchir le thalweg et retrouver Peyre.

❻ Descendre tout droit vers la vallée par le chemin cailouteux. Traverser la D 41 *(prudence)* et continuer en face par le chemin gravillonné qui rejoint la rive du Tarn. Passer sous la voie ferrée. Suivre à gauche le chemin de servitude qui remonte le Tarn rive droite. Puis emprunter à gauche une piste cimentée et revenir à la D 41 en passant sous la voie ferrée.

À voir

En chemin

■ Peyre : église troglodyte fortifiée (vitraux, expositions estivales), maisons anciennes, calvaires de pierre ■ points de vue sur le viaduc de Millau et la vallée du Tarn ■ ravins escarpés aux versants abrupts couverts de buis et de petits chênes ■ rives du Tarn

Dans la région

■ aire du viaduc de Millau ■ Compregnac : église, maisons anciennes, Maison de la Truffe ■ Millau : église Notre-Dame, tour du Beffroi, musée, l'Hôtel Pegayrolles, site archéologique de la Graufesenque

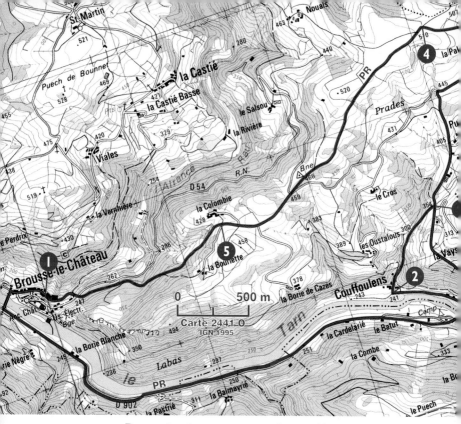

Des événements insolites

« Au Moyen Age, lorsque les Arpajon régnaient sur la place, le château de Brousse servit de cadre à de tragiques événements. Vers 1348, Jean Ier d'Arpajon enleva une fillette de six ans, Hélène de Castelnau, qu'il souhaitait épouser. Il la cloîtra dans une salle. Au nom du roi, Géraud de la Barre délivra la prisonnière manu militari et s'empara du château auquel il mit le feu.

Toujours au XIVe siècle, Brenguier d'Arpajon aurait enfermé dans une tour une femme accusée de sorcellerie. On disait ce seigneur porté sur les sciences occultes et recevant beaucoup de gens se livrant à d'étranges pratiques.

Enfin, au début du XVe, Jean d'Armagnac connut une mort affreuse. Arrêté sur ordre de son frère, il fut mené à Brousse et sa femme le rendit aveugle en lui brûlant les yeux avec des charbons ardents. »

Tour principale et remparts.
Photo Comité 12

D'après le guide *Daniel Crozes vous guide en Aveyron,* éditions du Rouergue.

La chapelle Saint-Cyrice

A. MARC

Sceau templier

A partir de Brousse-le-Château, suivez la vallée du Tarn encore protégée et qui a repris vie depuis quelques années grâce à l'action de nombreux bénévoles.

3 h
12 Km

510 m
246 m / 295 m

Situation Brousse-le-Château, à 60 km au sud de Rodez par les N 88 (direction Albi) et D 902 (par Requista)

P **Parking** mairie

 Balisage

jaune (signalétique « plus beaux villages »)

 Difficulté particulière

■ sentier assez raide entre ❷ et ❸

Ne pas oublier

À voir

❶ De la place de la Mairie, prendre la rue principale, franchir le pont sur le Tarn et emprunter à gauche la D 902 sur 800 m *(prudence)*. A l'ancienne petite gare, s'engager à droite dans le tunnel d'une longueur de 250 m. A la sortie, continuer par le chemin herbeux *(ancienne emprise de la voie ferrée)* entre la route et la rivière. Poursuivre par la D 902 à gauche sur 800 m *(prudence)*. A l'ancienne maisonnette de garde-barrière, traverser pour utiliser le chemin à droite, passer le pont, puis longer le Tarn à gauche jusqu'à Couffoulens.

❷ A l'entrée du hameau *(maisons traditionnelles typiques)*, monter en épingle à droite par la voie cimentée. Passer le ruisselet, poursuivre la montée toujours à droite par un sentier assez raide et déboucher sur une petite route venant de la vallée.

❸ Prendre la route à droite, continuer à droite jusqu'à la chapelle Saint-Cyrice *(vue exceptionnelle sur la vallée du Tarn ; stèle discoïdale)*, puis revenir.

❸ Poursuivre la montée par la route. Passer Puech-Cani, puis suivre la D 54 à droite jusqu'à La Palisse. Après la ferme, bifurquer à gauche sur le sentier herbeux qui se prolonge par un chemin bordé de haies vives. Au croisement en T, prendre le chemin de terre à gauche sur 50 m.

❹ Au croisement, laisser à droite la piste de Nouals et continuer en face par le chemin de crête, entre champs et pâtures. Traverser la D 54 et poursuivre par la route en direction de La Colombie. Avant le hameau, prendre la route à gauche sur 200 m.

❺ S'engager à droite sur le chemin bordé de buis qui, à travers bois, descend vers Brousse-le-Château. En bas, emprunter la D 54 pour franchir le pont et regagner le village.

 **En chemin**

■ Brousse-le-Château : château-fort de Brousse Xe-XVIIIe, église gothique, pont XIVe, oratoire, illumination du bourg ■ ancienne voie ferrée jamais mise en service le long du Tarn (tunnel) ■ chapelle Saint-Cyrice ■ points de vue sur la vallée du Tarn

Dans la région

■ Connac : église, maisons typiques ■ Lincou : ancien village aux ruelles pavées, église gothique, plan d'eau sur le Tarn ■ Saint-Dalmazy : Vierge, points de vue sur la vallée ■ Réquista : marché aux ovins

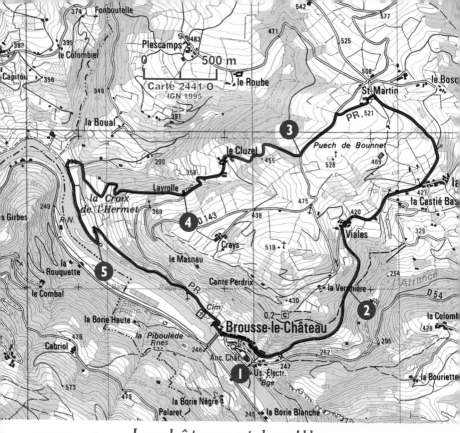

Le château et le village

Château-fort de Brousse et église. *Photo Comité 12.*

Un modeste fortin, d'où l'on surveillait le Tarn avant 935, est devenu progressivement un fort qui, du Xe au XVe siècle, a occupé la totalité de l'éperon dominant le village, en même temps que s'affirmait la présence des comtes du Rouergue. C'est la puissante famille d'Arpajon qui y régna pendant cinq cents ans et fit construire l'église gothique au XVe siècle (cette église à tour clocher servait de halte aux pèlerins de Saint-Jacques-de-Compostelle). Les seigneurs d'Arpajon ont joué un rôle important dans la politique du royaume. L'un d'entre eux, Louis, fut sous Louis XIV, duc et pair de France. Des remparts ont surplombé la mosaïque des toits de lauzes du village serré autour de l'église. Le vieux pont gothique très étroit qui enjambe l'Alrance constituait l'unique accès au village jusqu'au XIXe siècle.

Saint-Martin

Des initiatives privées, des chantiers de jeunes et les bénévoles de l'association de « La vallée de l'Amitié » ont mis en valeur la vallée du Tarn et restauré le village médiéval de Brousse.

Truite

1 De la mairie, remonter l'Alrance sur 250 m. Ne pas franchir le petit pont, mais s'engager à gauche sur l'étroit sentier pierreux et escarpé qui monte à travers bois vers Viales *(vues sur les gorges de l'Alrance)*. Continuer par la carral *(chemin forestier)* à plat, à droite, sur 200 m.

2 Monter par le sentier en épingle à gauche *(bien suivre le balisage)* et gagner Viales. Poursuivre à droite par la route en direction de La Castie. Au croisement *(remarquable calvaire en pierre)*, laisser le hameau à droite et continuer la montée par la route en face jusqu'à Saint-Martin *(église, halle)*. Passer à droite de la halle, se diriger vers l'ouest, puis emprunter la D 143 à gauche sur 500 m.

3 Bifurquer à droite sur le chemin de desserte (maison bien rénovée), qui se prolonge par un chemin d'exploitation. Entre deux champs, s'engager dans un chemin creux et descendre au Cluzel à travers les châtaigniers. Continuer la descente par la route jusqu'à Layrolle.

4 Quitter la route à droite et descendre vers la vallée. Passer à gué un petit ruisseau, puis se diriger à gauche pour rejoindre les bords du Tarn et longer la rivière à gauche sur 600 m.

5 A l'intersection, virer en épingle à gauche et monter à travers un bois de résineux. Poursuivre par le chemin gravillonné qui surplombe la vallée puis par la D 143 qui ramène au village.

2 h 40
8 Km
521 m
246 m / 315 m

Situation Brousse-le-Château, à 60 km au sud de Rodez par les N 88 (direction Albi) et D 902 (par Requista)

 Parking mairie

 Balisage jaune (signalétique « plus beaux villages »)

Difficulté particulière

■ gué entre **4** et **5**

 À voir

 En chemin

■ Saint-Martin : église gothique à chevet plat (pietà XVIIe), halle de justice avec croix et bancs en pierre, vestiges de sarcophages ■ panoramas sur le site et la vallée ■ statue-menhir ■ Brousse-le-Château : château-fort de Brousse Xe-XVIIIe, église gothique, pont XIVe, oratoire, illumination du bourg

Dans la région

■ Brousse-le-Château : ancienne voie ferrée jamais mise en service (tunnels, ponts) ■ Saint-Cyrice : chapelle remaniée au XVIIe, stèle discoïdale ■ Lincou : ancien village aux ruelles pavées, église gothique, plan d'eau sur le Tarn ■ Réquista : marché aux ovins

49

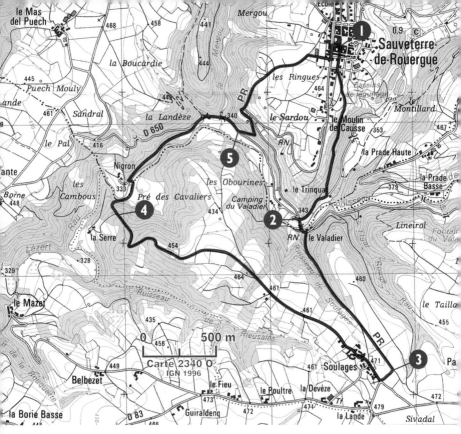

L'histoire d'une bastide

Fondée en 1281 par le sénéchal du Rouergue pour asseoir l'autorité du roi, très vite, la Bastide s'agrandit et différents pouvoirs lui apportèrent une aide importante et des privilèges (en 1284), un bailliage paroissial (en 1330). La cité connut alors une activité soutenue, mais ne fut pas à l'abri de difficultés.

Chef-lieu du bailliage, puis chef-lieu de district, cette bastide connut les premiers signes d'un déclin au XIXe siècle. À l'écart des principales voies de communication, elle subit la dépopulation.

Ces dernières années, la restauration de Sauveterre a été bien réussie. Le bourg a gardé son plan en damier, ses maisons à colombages, sa place entourée de *gitats* (arcades), l'église et les restes des fortifications (fossés, portes, tours…).

Fossé de la Bastide. *Photo Comité 12.*

La bastide royale de Sauveterre

2 h.45
8 Km

470 m
330 m / 275 m

Situation Sauveterre-de-Rouergue, à 40 km au sud-ouest de Rodez par les N 88 (direction Albi) et D 997 (par Naucelle)

P **Parking** tour de ville

 Balisage

jaune (signalétique « plus beaux villages »)

Ne pas oublier

Depuis une ancienne cité au passé chargé d'histoire, cet itinéraire emprunte d'emblématiques chemins pavés et bordés de murets.

Brabant. A.MARC

❶ Quitter la place des Arcades au sud par la porte Saint-Christophe, traverser le tour de ville et prendre en face le chemin bordé de murets. Descendre par le large chemin de terre de la Côte-Vieille, puis suivre la petite route à droite jusqu'au Valadier.

❷ Franchir le Lézert à gauche, continuer par la route à gauche sur 50 m, puis s'engager à droite, en épingle, sur le sentier qui monte sur le plateau en direction de Soulages.

❸ Se diriger à droite sur 150 m puis, au calvaire, prendre la route à droite et traverser le hameau. Continuer par la route vers les bois et poursuivre tout droit par le large chemin de terre qui mène à la petite ferme de la Serre.

❹ Avant la ferme, obliquer à droite dans le bois. Au pylône en ciment, dévaler à droite le sentier assez raide *(prudence)* qui conduit au ruisseau, franchir la passerelle et prendre à droite la petite route qui suit la vallée. Poursuivre à droite par la D 650 sur 350 m.

❺ Obliquer sur l'étroit sentier à gauche, puis suivre la D 997 à gauche. A la sortie du lacet, s'engager à gauche sur le chemin de terre qui mène à Sauveterre. Tourner à droite, emprunter le tour de ville à gauche et gagner à droite la place des Arcades.

Gitats de la place (XIVe siècle). *Photo Comité 12.*

À voir

En chemin

■ Sauveterre (bastide XIIIe) : arcades, église gothique XIVe, fossés, ruelles avec anciennes maisons à colombages, coutellerie ■ vallée du Lézert

Dans la région

■ Gramond : oratoire (pietà XIVe), église gothique XVe, sculpture de Paul Belmondo ■ Naucelle : église cistercienne, porte des Anglais, rue du Four ■ château du Bosc (demeure familiale de Toulouse-Lautrec) : musée ■ Villelongue : musée de la Résistance

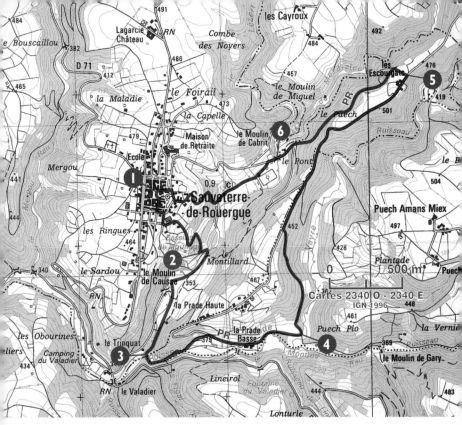

Le couteau de Sauveterre

Sauveterre-de-Rouergue fut à la fin du Moyen Age la capitale de la coutellerie rouergate. Au XVᵉ siècle, elle était en pleine expansion. Vers 1425 on dénombrait à Sauveterre une trentaine de forgerons dont seize utilisateurs de « tornalhs » (moulins hydrauliques à moudre ou à aiguiser) bâtis sur le Lézert. Les inventaires des biens de plusieurs couteliers mentionnent des matières premières (acier, fer, buis, cornes...) servant à réaliser dagues, poignards,

couteaux de table, l'outillage se compose de soufflets, enclumes, marteaux, tenailles, cisailles, meules et poinçons... La décadence de la coutellerie est intervenue à partir du XVIᵉ siècle (insécurité, recul des forêts, épidémies...). Après des siècles d'absence, le village renoue aujourd'hui avec ce savoir-faire.

Enclume de la coutellerie.
Photo Comité 12.

Au pays des Cent Vallées

Fiche pratique 18

Autour de la bastide très bien restaurée de Sauveterre, des vallées encaissées sinueuses, secrètes et encore protégées offrent un contraste saisissant.

2 h 30
7,5 Km
501 m
345 m / 245 m

Situation Sauveterre-de-Rouergue, à 40 km au sud-ouest de Rodez par les N 88 (direction Albi) et D 997 (par Naucelle)

❶ Quitter la place des Arcades par l'angle sud-est, la rue puis la porte Saint-Vital. Suivre le tour de ville à gauche sur 50 m, puis descendre à droite vers la salle des fêtes *(ancien puits)*. Passer à droite du bâtiment par une petite route de servitude et descendre par un ancien chemin de terre jusqu'au ruisseau.

Puits de Sauveterre

Parking tour de ville

❷ Franchir la passerelle du Montilhard *(ruines d'un ancien moulin)*, puis bifurquer à droite pour longer la rive gauche du Lézert jusqu'au confluent avec le Vayre.

Balisage
jaune (signalétique « plus beaux villages »)

❸ Suivre le Vayre à gauche, puis remonter et emprunter la route de La Prade-Basse à droite sur 250 m. A la ferme, obliquer à gauche sur le chemin de terre parallèle au ruisseau sur 400 m.

Difficulté particulière

❹ Au croisement, virer à angle droit à gauche pour monter à travers bois. Suivre à droite la route venant de La Prade-Haute. Elle parcourt la crête sur 1,2 km. Passer la ferme des Escourgats *(ferme traditionnelle rénovée)* et continuer sur 100 m.

■ descente escarpée entre ❶ et ❷

Ne pas oublier

❺ S'engager à gauche sur le chemin herbeux qui s'enfonce dans les bois et descendre vers le confluent du Merdialou et du Lézert *(aire de pique-nique, village-vacances)*.

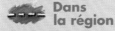

À voir

❻ Traverser le pont, puis emprunter à gauche le sentier qui longe le stade et la piscine municipale sur 400 m. Avant le lagunage, prendre à droite le petit sentier dans les bois qui grimpe au pied du clocher de Sauveterre puis revenir sur la place des Arcades.

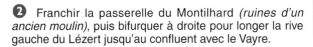
Centre de la place. *Photo Comité 12.*

En chemin

■ Sauveterre (bastide XIIIe) : arcades, église gothique XIVe, fossés, ruelles avec anciennes maisons à colombages, coutellerie ■ vallées du Lézert et du Vayre ■ points de vue sur la bastide ■ ferme typique

Dans la région

■ Naucelle : église cistercienne, porte des Anglais, rue du Four ■ Villelongue : musée de la Résistance ■ château du Bosc (demeure familiale de Toulouse-Lautrec) : musée ■ Verdun : chapelle pré-romane XIe

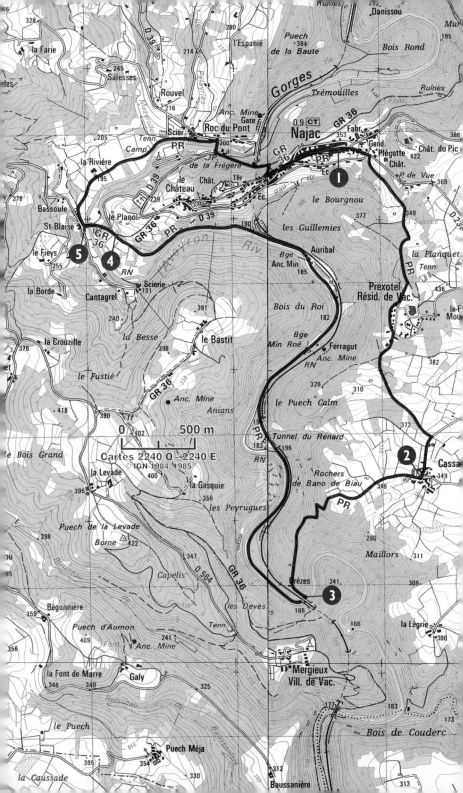

Najac : un village perché

Cèpes

S'allongeant sur une crête, enveloppé par un méandre de l'Aveyron, le bourg de Najac, avec son château et ses anciennes demeures, bénéficie du label « Villes et Pays d'art et d'histoire » pour son patrimoine et son site.

3 h
11,5 Km
353 m
182 m

Situation Najac, à 24 km au sud de Villefranche-de-Rouergue par les D 922 et D 39

P Parking place du Faubourg (poste)

 Balisage
1 à **4** jaune (signalétique « plus beaux villages »)
4 à **5** blanc-rouge
5 à **1** jaune (signalétique « plus beaux villages »)

⚠️ **Difficulté particulière**

■ montée raide entre **5** et **1**

Ne pas oublier

1 Descendre par la D 39 sur 200 m, passer le carrefour, continuer tout droit sur 100 m et prendre à droite le large chemin en direction de la résidence Val-Vacances. Passer à droite, en contrebas du village et, après le dernier bungalow, emprunter à gauche le sentier qui descend dans une combe. Remonter et utiliser la route à droite qui mène à Cassagnes.

2 Tourner à droite sur le large chemin qui descend vers la vallée. Au cours de la descente *(bien suivre le balisage)*, virer en épingle sur une carral *(chemin forestier)* et gagner le pont du chemin de fer *(ligne Capdenac-Toulouse construite en 1862 ; sur 16 km, elle compte 13 ponts et 13 tunnels)*.

3 Passer sous le pont et emprunter à droite le chemin ombragé en bordure de l'Aveyron. Continuer au pied de la muraille du chemin de fer, puis en contrebas de hauts rochers.

4 Retrouver le GR® 36 jusqu'au pont Saint-Blaise.

5 Franchir la rivière. Prendre à droite le chemin qui suit l'Aveyron jusqu'à la base de loisirs. Longer la piscine, franchir le pont de la Frégière à droite, puis gravir à gauche l'ancienne côte médiévale. Aux premières maisons, obliquer à droite et arriver dans le bourg, face à la maison des Gouverneurs. Aller à gauche vers la rue du Bourguet *(GR® 36)*, puis monter par la rue du Barriou *(rue principale)* pour rejoindre la place des Arcades et le faubourg.

À voir

En chemin
■ vallée de l'Aveyron ■ pont Saint-Blaise ■ Najac : château XIIIe, église gothique, fontaine monolithe XIVe, place des Arcades, maisons à colombages

Dans la région
■ château de Sanvensa XIVe-XVIe ■ Monteils : couvent des Dominicains ■ Lunac : ancien village fortifié, église romane XIIe, moulin de Parayre

Najac,
village fortifié

L'itinéraire des Najacois, à travers les siècles ne fut pas un havre de paix, de joie et de réjouissances. La position stratégique de verrou du Rouergue vaut à ce village fortifié un passé et une histoire fort mouvementés. Le château, forteresse inexpugnable dominant le bourg, simple tour carrée au XIIᵉ siècle, fut agrandi au XIIIᵉ siècle afin de maîtriser la population hostile au rattachement du Rouergue à la couronne royale. Il a été la clef de voûte de ce pays dont on se disputa la possession au cours des siècles. Taxés de l'hérésie du catharisme, les habitants furent condamnés à construire avec leurs propres deniers l'actuelle église (XIIIᵉ siècle, première église gothique du Rouergue).

Rue du Barriou. *Photo Comité 12.*

Pont de la Frégière. *Photo Comité 12.*

Le château fort
(monument historique XIIᵉ, XIIIᵉ siècles)

Campé fièrement sur une colline abrupte qu'enveloppe un large méandre de l'Aveyron, le château forteresse, chef-d'œuvre d'architecture militaire, protège et domine le bourg de Najac qui s'allonge sous forme de bastide sur l'étroite crête surplombant la rivière.

Ce joyau du Moyen Age associe un donjon quadrangulaire, un donjon circulaire et une enceinte rectangulaire flanquée de quatre autres tours.

L'ensemble forme un rectangle de 36 x 24 m, entouré d'un mur d'enceinte. Bâtis en grès rose des carrières de Mazerolles et en schiste, les restes de la forteresse témoignent de la complexité du système de défense. Le donjon haut de 37 m abrite trois belles salles superposées. Des archères de 6,80 m permettent le tir de trois archers à la fois. Un couloir secret reliait la tour romane à la chapelle du donjon.

Dans les salles voûtées en ogive, on peut remarquer les têtes de Saint Louis, d'Alphonse de Poitiers et de son épouse Jeanne de Toulouse qui ornent des culots d'ogives, des baies géminées. Cette forteresse, véritable « clef de tout ce pays », position stratégique de verrou de la vallée, a été la possession des rois de France et d'Angleterre, des comtes de Toulouse, des protestants et des croquants.

Chemin de ronde restauré.
Photo Comité 12.

Château et vieux village. *Photo Comité 12.*

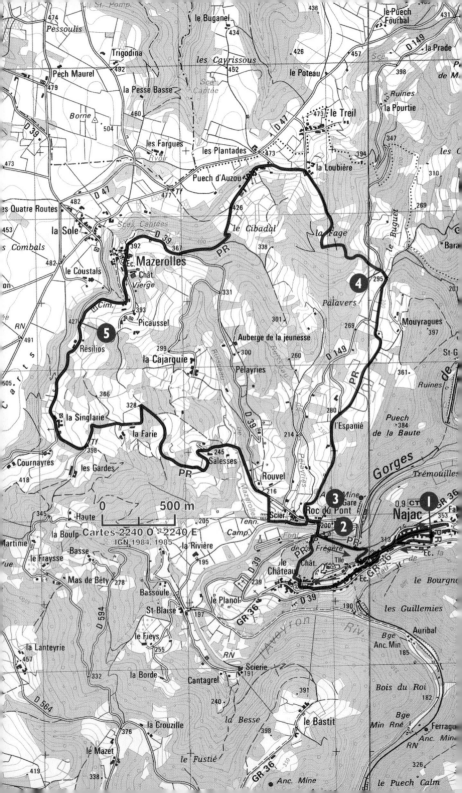

La forteresse de Najac

La traversée du bourg ancien, qui permet de découvrir l'architecture traditionnelle des maisons, et le versant opposé offrent au randonneur de vastes panoramas sur la vallée de l'Aveyron et le site médiéval de Najac.

▶ **Variante** (circuit de 9 km) : possibilité de partir du repère ➋ en laissant son véhicule sur le délaissé de route devant l'entrée du camping.

➊ De la place des Arcades, à gauche de la pharmacie, descendre les escaliers qui se prolongent par le chemin du Roc-de-Cabusse *(chemin de ronde)*. Descendre à flanc jusqu'à la Loge *(halle)*. Prendre la rue du Bourguet *(GR® 36)*, puis suivre à gauche la rue de la Portète et la rue Basse-des-Comtes-de-Toulouse pour rejoindre l'église. Du parvis, dévaler à gauche la ruelle qui devient à droite un chemin et arriver à l'entrée du camping.

➋ Passer le pont de la Frégière.

➌ Prendre la D 39 à gauche sur 100 m, monter à droite par la petite route puis par un chemin pavé en direction de L'Espanié. Laisser la fermette en contrebas et, au croisement, obliquer à droite sur le chemin de terre, puis à gauche sur le chemin herbeux. Longer à gauche une habitation récente, puis utiliser la route de desserte. Emprunter la D 149 à droite sur 100 m.

➍ Après le virage, bifurquer à gauche sur une carral *(chemin forestier)* assez raide et monter à La Loubière. Après la ferme, poursuivre par la route à gauche et traverser Puech-d'Auzou *(points de vues uniques sur le site de Najac)*. Suivre la D 39 à droite jusqu'à Mazerolles *(château XIIIe remanié au XIXe siècle)*. Après la Vierge, continuer par la D 39 sur 500 m et passer le cimetière.

➎ Dans le lacet, obliquer sur la route à gauche. Passer La Singlarie, puis La Farié et descendre vers la vallée. Emprunter la D 39 à droite sur 100 m, puis virer à droite vers la piscine. Ne pas franchir la passerelle, mais suivre à gauche le chemin de terre qui longe l'Aveyron et ramène au pont de la Frégière.

➌ Franchir le pont.

➋ Remonter à gauche vers le bourg par le chemin historique. En cours de montée, virer en épingle à droite et déboucher sur la place Saint-Barthélémy. Par la rue du Bourguet à gauche *(GR® 36)* puis la rue du Barriou, remonter vers la place des Arcades *(place du Faubourg)*.

---

3 h 30
11,5 Km
465 m
200 m / 425 m

Situation Najac, à 24 km au sud de Villefranche-de-Rouergue par les D 922 et D 39

 Parking place du Faubourg (office du tourisme)

Balisage

jaune (signalétique « plus beaux villages de France »)

 Difficulté particulière

■ chemin raide et en mauvais état après ➍

Ne pas oublier

À voir

En chemin

■ Najac : château XIIIe, église gothique, fontaine monolithe XIVe, place des Arcades, maisons à colombages
■ Mazerolles : château
■ points de vue sur la vallée et sur le site de Najac

Dans la région

■ château de Sanvensa XIVe-XVIe ■ Monteils : tour carrée, église XVIe ■ La Fouillade : église néogothique
■ Villefranche-de-Rouergue : bastide

La fouace de Najac

La tradition de la fête de la Fouace se perpétue depuis de nombreuses années, le jour de la Saint-Barthélemy (patron de Najac). La fouace est une très ancienne pâtisserie (elle est évoquée dans les romans de Rabelais dans *Pantagruel*). Cuite à feu doux après une nuit de repos dans un linge, et habituellement accompagnée de vin blanc. À Najac fin août, une énorme fouace de deux mètres de long et d'un mètre de large, décorée de rubans, est promenée dans les rues du bourg. Au terme de la fête, elle est dégustée autour d'un verre de vin blanc. Les boulangers de Najac et de La Fouillade auront employé 30 kg de farine, 10 kg de sucre, 150 ou 160 œufs pour confectionner environ 70 kg de fouace.

Une recette traditionnelle (fouace de 2 kg)

Ingrédients :

- 1 kg de farine,
- 250 g de levain,
- 300 g de beurre frais,
- 8 œufs,
- 400 g de sucre,
- un verre de lait,
- sel,
- de l'eau de fleur d'oranger

Fouace. *Photo CDT 12.*

Mélanger le tout et pétrir environ une demi-heure. Plus on pétrit la pâte, plus savoureux sera le gâteau.

Il est recommandé de pétrir la pâte la veille pour la cuire le lendemain. Une fois pétrie, la pâte doit être enveloppée dans un torchon fariné. Laisser reposer la pâte une nuit. Avant de l'enfourner, façonner la pâte (couronne ou forme ovale) et la placer sur une plaque de pâtissier. Surveiller la cuisson environ 40 minutes à four chaud.

A la sortie du four, badigeonner le gâteau encore chaud avec un plumeau ou un pinceau (blanc d'œuf en neige parfumé avec l'eau de fleur d'oranger). Saupoudrer de sucre cristallisé.

Il existe de nombreuses variantes de cette recette.

La montée au château et les maisons médiévales. *Photo Comité 12.*

RÉALISATION

C'est à l'initiative et à la demande de Claude Cayla, maire de Belcastel et président de l'association « Des plus beaux villages de France », que le Comité départemental de la randonnée pédestre de l'Aveyron a proposé et réalisé deux itinéraires autour de chacun des dix villages « labellisés ».

Le choix des itinéraires a été assuré par le Comité départemental de la randonnée pédestre en collaboration avec les Offices de tourisme, les Syndicats d'initiative ou les municipalités, et également avec les clubs affiliés.

Le balisage et la maintenance sont assurées par le Comité départemental de la randonnée pédestre, ses deux salariés et également par les baliseurs officiels du Comité avec l'aide des collectivités locales.

La reconnaissance, la description des itinéraires la rédaction des textes thématiques et la coordination locale ont été assurées par Jean-Marie Malgouyres, président du Comité départemental de la randonnée pédestre de l'Aveyron. Nous remercions Marie-France Hélaers pour sa contribution au texte.

La saisie informatique a été assurée par Lionel Vidal.

Ont contribué à la réalisation de cette œuvre collective : les maires et secrétaires de mairie des communes concernées (Belcastel, Conques, Estaing, Saint-Côme-d'Olt, Sainte-Eulalie-d'Olt, La Couvertoirade, Comprégnac, Brousse-le-Château, Sauveterre-de-Rouergue, Najac), Didier Lascoumes, chargé de communication EDF/GDF Aveyron Lozère, Régine Combal, Floriane Benoit, Jean-Claude Amichaud, Guy Astruc, Robert Andrieu, Henri Fournié, Corinne Felix, Sylvie Guinou, Jeanne Poujol.

Les photographies sont de Jean-Marie Malgouyres, Lionel Vidal et Michael Sobella du Comité départemental de la randonnée pédestre de l'Aveyron (Comité 12), de Régine Combal de l'Office de tourisme de Conques (OT de Conques), du Comité départemental de tourisme de l'Aveyron (CDT 12), du Parc naturel régional des Grands Causses (PNRGC), du Service loisirs accueil Aveyron (SLA 12) et de Nicolas Vincent (N.V.)

Les illustrations sont d'Alain Marc.

Montage du projet, direction des collections et des éditions : Dominique Gengembre. Production éditoriale : Isabelle Lethiec. Secrétariat d'édition : Philippe Lambert, Marie Décamps. Cartographie : Olivier Cariot, Frédéric Luc. Mise en page et suivi de la fabrication : Jérôme Bazin, Elodie Gesnel, Céline Lépine. Lecture et corrections : André Gacougnolle, Elisabeth Gerson, Marie-France Hélaers, Hélène Pagot, Gérard Peter, Michèle Rumeau.

Création maquette : Florence Bouteilley, Isabelle Bardini – Marie Villarem, Fédération française de la randonnée pédestre. Les pictogrammes et l'illustration du balisage ont été réalisés par Christophe Deconinck, excepté les pictogrammes de jumelles, de gourde et de lampes de poche, qui sont de Nathalie Locoste. Design couverture : Sarbacane Design.

Ce topo-guide a été réalisé grâce au concours financier de EDF / Gaz de France Distribution, La Poste, La Région Midi-Pyrénées et du Crédit Agricole de l'Aveyron.

CONNAISSANCE DE LA RÉGION

Connaissances géographiques et historiques des sites « Plus beaux villages » et de la région :

• *« Les Plus Beaux Villages de France »*, Sélection du Reader's Digest,
• Coll. des guides de voyage : Guides Gallimard
• BÉTEILLE R., *La Vie quotidienne en Rouergue avant 1914*, éd. Hachette,
• BOUSQUET J., *Le Rouergue au premier Moyen Age, les pouvoirs, leurs rapports, leurs domaines*, éd. du Rouergue
• CROZES D., *De Corne et d'acier, l'épée du couteau de Laguiole*, éd. du Rouergue,
• *Daniel Crozes vous guide en Aveyron*, éd. du Rouergue,
• DELMAS C. et FAU J.-C., *Conques*, éd. du Beffroi,
• ENJALBERT H., *Histoire du Rouergue*, coll. « Pays et villes de France », éd. Privat,
• GILLES B., *L'Aventure des Bastides du Sud-Ouest*, éd. Privat,
• HOLDERBACH P., *La Cuisine en Rouergue*, éd. du Rouergue,
• MIQUEL J., *Cités templières du Larzac*, éd. du Beffroi,
• OURSEL R., *Les Chemins de Compostelle*, éd. du Zodiaque,
• TAUSSAT R., *Sept Siècles d'histoire autour de la cathédrale de Rodez, histoire et vie quotidienne*, éd. du Rouergue.

Faune et flore
- BERNARD C. et DREUILLAUX J.-M., *La Flore du Larzac*, éd. du Rouergue,
- CLÉMENT M., *La Flore des Causses*, éd. Espace Sud,
- NOYRIGAT F., *La Flore d'Aubrac*, éd. du Rouergue.

HÉBERGEMENT

• *Gîtes d'étapes et Refuges, France et frontières*, A. et S. Mouraret, éd. Rando Editions, site internet : www.gites-refuges.com

CARTES ET TOPO-GUIDES DE RANDONNÉE

• Cartes IGN au 1/25000
n° 2240 OT, 2240 ET, 2338 ET, 2339 OT, 2339 ET, 2340 OT, 2428 OT, 2438 ET, 2440 ET, 2441 OT, 2538 OT, 2539 OT, 2540 OT, 2641 OT, 2642 OT.

• Pour connaître la liste des autres topo-guides de la Fédération française de la randonnée pédestre, se reporter au catalogue disponible au Centre d'information (voir " Où s'adresser ? ").

• Collection départementale « Les belles balades de l'Aveyron », réalisée par le Comité départemental de la randonnée pédestre de l'Aveyron (14 topo-guides PR®, un par secteur géographique). S'adresser au Comité de l'Aveyron (voir « Où s'adresser ? »).

INDEX DES NOMS DE LIEUX

B Belcastel 15, 17

Brousse-le-Château 47, 49

C Conques 19, 21

Couvertoirade (La) 37, 39

E Estaing 23, 25

N Najac 55, 59

P Peyre 41, 45

Pierrefiche d'Olt 35

S Saint-Côme-d'Olt 29, 31

Sainte-Eulalie-d'Olt 33, 35

Saint-Genies-des-Ers 25

Sauveterre-de-Rouergue . .51, 53

Avertissement : les renseignements fournis dans ce topo-guide sont exacts au moment de l'édition. Toutefois, certaines transformations du paysage engendrées par l'urbanisation, la création de nouvelles routes ou lignes ferroviaires, l'exploitation forestière ou agricole, etc., peuvent modifier le tracé des itinéraires. Le balisage sur le terrain devient alors l'élément prioritaire du repérage, avant la carte et le descriptif. N'hésitez pas à nous signaler les changements. Les modifications seront intégrées lors de la réédition.

1re édition : mars 2006

©Fédération française de la randonnée pédestre / ISBN 2-7514-0113-9

© IGN 2006 (fonds de cartes)

Dépôt légal : mars 2006

Compogravure : MCP, Orléans

Imprimé en France sur les presses de Jouve, Mayenne